人文梅陇丛书

杨建华　主编

人文梅陇

上海人民出版社

图书在版编目(CIP)数据

人文梅陇 / 杨建华主编. -- 上海 : 上海人民出版社, 2018
(人文梅陇丛书)
ISBN 978-7-208-15221-2

Ⅰ. ①人… Ⅱ. ①杨… Ⅲ. ①乡镇－文化史－闵行区
Ⅳ. ①K295.15

中国版本图书馆CIP数据核字(2018)第112625号

责任编辑 赵蔚华
封面设计 张志全工作室

人文梅陇丛书
人文梅陇
杨建华 主编

出 版 上海人民出版社
(200001 上海福建中路193号)
发 行 上海人民出版社发行中心
印 刷 上海商务联西印刷有限公司
开 本 890×1240 1/32
印 张 5.25
插 页 4
字 数 88,000
版 次 2018年7月第1版
印 次 2018年7月第1次印刷
ISBN 978-7-208-15221-2/G·1903
定 价 42.00元

编委会

目　录

序　杨建华 ……………001

《解放日报》老总走进《人文梅陇》 ……………001
鲍美利传递“开心”到梅陇 ……………015
古诗词中的人文精神　张炳生 ……………022
《人文梅陇丛书》首发研讨会 ……………025
激情来自感动　龙尚行 ……………036
叶辛献计《人文梅陇》　秋　实 ……………040
居民提笔撰写《人文梅陇丛书》　施晨露　郭艺珺 ……………043
“三长”智慧馨传上海书展　春　华 ……………045
“人文梅陇”摄影大赛获奖作品研讨会 ……………048
读书节，从“阅读蒋星煜”开始　春　华 ……………051
童世骏梅陇谈“尊严教育” ……………062
我们都是大写的人　春　玲 ……………077
自产自销“豆腐干”　金洪远 ……………083
圆梦大飞机 ……………088
流浪汉走进图书馆　朱丽焉 ……………093
诗人，从嘉陵江走来　薛鲁光 ……………096
爱情与生死　刘辛培 ……………099
画师的春天　林　子 ……………101
陇上益友情，十年精彩路 ……………107
空中党课，梅陇开播　王文娟 ……………112
客堂间里轧闹猛　马天璋 ……………117

蒋星煜读书社梅陇书友研讨会 ……………121
蒋星煜读书社成立一周年座谈会 ……………124
《人文梅陇》作品研讨会 ……………129
最动情的歌是《家住梅陇》 刘辛培 ……………134
走上大舞台，书记演书记 翁建华 ……………140
梅陇朗读者 ……………144
梅陇绿竹景致多 魏守荣 ……………146
故事中的两岸情 ……………148
梅陇人的大山情缘 周夏芸 ……………150
大血管、小血管与毛细血管 ……………154
老干部爱读《人文梅陇》 顾祥健 ……………158

序

杨建华

《人文梅陇》的主要内容来自于“人文梅陇微论坛”。此论坛是梅陇的文化品牌，其不设选题，从诸子百家到琴棋书画、茶道花道，从西方文化到中国古文鉴赏、诗词习作，从国之四维到坐卧行禅，它就像和朋友谈经论道，以书会友，以文会友，以学会友，呈现文化传统的多样性，为作者和读者打开知识之窗，让大家共同感受文化的魅力。上海市委宣传部原副部长贾树枚、华东师范大学党委书记童世骏、《解放日报》副总编辑徐锦江都是论坛的座上宾。

如今，不同价值观念与生活方式快速融合，带来了文化价值的迷失，导致精神家园的迷茫。党的十九大报告指出：“必须推进马克思主义中国化时代化大众化，建设具有强大凝聚力和引领力的社会主义意识形态，使全体人民在理想信念、价值理念、道德观念上紧紧团结在一起。”打牢全镇百姓团结奋斗的思想文化基础，是做好新时代意识形态凝聚力、引领力的着力点。而“人文梅陇微论坛”已经成为梅陇一道亮丽的文化风景，一种引人深思的文化现象。

这样的文化现象表明，诚挚、深沉、优美、健康的文字与表达，在今天依然能够获得普遍的关注，并产生直指人心的力量。常有人说，我们生活在一个匆忙浮躁的时代，当代人的精神世界平庸而匮乏。但我认为，当下的生活固然匆忙，很多时候，我们也的确面临着“浮躁”，但绝大多数的人，依然渴望辽阔的、有质量的精神生活。

所以，本书又收录了发生在梅陇的一些文化事件和饱含人文精神的“特色故事”，同时亦记录了一些文化人在梅陇留下的文字。

从20世纪80年代起，艺术和文化被视为一座城市发展和复兴的核心元素。这些记录与文字，是种植在梅陇这块土地上的“种子”，它改善了我们的文化环境，提升了人们的文化品质——而梅陇的发展，多么需要人文精神的集聚，多么需要“文化元素”的培育啊。

《解放日报》老总走进《人文梅陇》

唐铮（论坛主持人，梅陇镇党委宣传委员、文明办主任）：《人文梅陇》杂志是梅陇镇的一个文化品牌，“人文梅陇微论坛”是杂志的品牌栏目。今天（2014 年 7 月 24 日），上海“一号媒体”老总“走转改”，在梅陇镇的“百姓论坛”上作主旨发言，题目是：“主流媒体的社会责任”。下面有请——

徐锦江（《解放日报》副总编辑）：我来这里有三个原因：一是梅陇镇有一位这么重视文化的好书记——你们的杨书记，办了《人文梅陇》，这么接地气而且能够提升乡镇文化的刊物，我看了以后觉得非常有水平。邢部长特意过来，我是非常不好意思，惊动了区里的领导。第二个原因是我的一位老朋友在梅陇，就是刘辛培老师，我与他认识二十多年了。他是第一批“上海韬奋奖”的获得者，这是非常不容易的；即使大媒体，获得“韬奋奖”也很不容易。他当时是《现代家庭》的编辑，获得这样的殊荣，而且是第一批啊。他能够专注地编《人文梅陇》，让我非常感动。第三个原因，我是来向大家学习的，“走转改”嘛，与基层同志相互学习，把《解放日报》做群众工作的优良传统传承下去。

我在《解放日报》分管“科教文卫体”。今天讲的题目蛮大，时间有限，没办法展开，就谈三个方面，同时结合《解放日报》的定位和特色。

第一个是“典型报道”。这是《解放日报》的强项，也是市里的要求，因为韩正书记对基层好干部的宣传非常重视，希望能够把辛苦工作在第一线的领导典型挖掘出来。《解放日报》报道了莲花公寓居委书记梁慧丽，并进一步挖掘、延伸，做出自选动作，变成思考性的报道：“梁书记不能退休引出的思考。”

基层干部非常辛苦，千针万线最后都是一个针头穿进去的。但是我们发现，有一个好干部固然是社区之幸，但如果完全依赖他，就可能患上“能人依赖症”。书记一走，工作如何展开？所以我们提出一个观点：社区干部不能成为“个人英雄”，而应该不断挖掘“百姓英雄”。

微论坛由镇党委宣传委员唐铮主持

解放日报副总编辑徐锦江主旨发言

闵行区委宣传部副部长邢红光“现场感言”

闵行报负责人茅杰提问

《人文梅陇》编辑周夏芸提问

和谐梅陇报编辑马天璋提问

读者代表、罗阳一村居民张国文提问

"你们提的很多问题，是我杨建华接下来要做的"

新闻志愿者争相发言

很多一线干部有公益的人格、雷锋的人格，但光靠这个不行，还需要有一个平台的保障。“小巷总理”，刚毕业的大学生不一定能做好，这需要历练。所以，提出了老中青的搭配。“小巷总理”的来源应该是多元化、多样化的。有些基层干部是否可以成为公务员的后备力量，而进入公务员队伍的年轻人是否可以到社区基层，与考核挂钩。

一些全职太太，有些还是从外资企业里辞职不干了，呆在家里，她们希望参与社区工作。有没有可能，让她们加入到“小巷总理”的队伍中。她们还能采取外资企业的办法，通过网上建立社交平台，通过互动，把工作开展起来。对此，她们很有兴趣，并不仅仅为了一点报酬，而是为了“社会参与”。

典型报道，也不是过去那样的“高大全”或“高大上”。措辞上，描写一个人“伟岸的身躯”，“挥一挥大手”，这个像毛主席在天安门上的挥手，现在用就不大妥当。另外，好干部也不是完全光鲜的，一宣传典型就是完美，好像什么事情到他手里都能解决好。当然，正能量是需要的，但我觉得更需要把他还原到真实的生活中——他也有很多艰辛，很多无奈，很多苦衷，是没办法得到解决的；不是每一件事情，他都能画上完美的句号。

作家彭瑞高写了一篇文章，叫“小官孙国权”——作家打电话要和孙国权约见，孙国权说我在路上。作家问他，你在哪条路上？孙国权说，我在殡仪馆去精神病院的路上。这么一句话，就把他的工作状态凸显出来了。

还有，孙国权的抽屉里有一叠借条，达几千元，这比较客观。还报道过一位民警，借给人家的钱，有十几万元之多，而且三张报纸写的借款数不一样，这让读者怀疑你们是怎么统计的？《解放日报》写得较模糊，有的报纸写得很确凿，这是报道失实，本来一个蛮好的先进，拔得太高，反而让人觉得不真实。我的保留意见是，现在典型太多，连篇累牍，读者产生审美疲劳，效果未必好。

第二个谈谈调查研究。我们作为党报，比较坚持调查研究的传统。上海有个与习近平总书记面对面交流过的专家，特别推崇家庭农场的试点。但我们有一位记者写了一篇文章：《家庭农场一贴灵?》，认为推了家庭农场之后，很多前些年大力推广的一些做法，如大型粮食合作社，统一耕种，统一供药，统一质保，统一管理，做得很不错，为什么要一哄而上搞家庭农场？因为，现在搞家庭农场有资金扶持，所以本来做得蛮好、蛮有效的，便推倒重来，“一刀切”，也搞家庭农场，而不是具体情况具体分析。

不是每个地方都适合搞家庭农场，要因地制宜，百花齐放。我表扬这个记者，因为他进行了调查研究，他一直在跑市郊大地，而且比较深入，所以才能写出这样的文章；否则光听“上面”，觉得人家是专家，他的话便“放之四海而皆准”。

《解放日报》不像有些都市报，百分之六十的真实就可以，我们一般要等到百分之百，这样，新闻的时间虽然丧失不少，但出来的报道比较权威。这是《解放日报》必须要坚持的，因为我们是上海市委机关报。有人说，百分之百正确就是文件了，没什么看头了。这是一个矛盾，但《解放日报》经过调查研究而发表的文章，可以作为“依据”。

《解放日报》进中南海，放在总书记的案头，常有中央领导批示，别的地方报纸没有这个“规格待遇”。

第三个谈一点民生问题。为什么医患关系这么紧张，频出杀医案？而“医闹”，在其他国家是没有的。我们曾把市卫生局的领导、医生和院长、患者代表请到一起，探讨医患关系。

印象中最深的，是一个患者代表说："医生面对的不是一个普通的消费品，而是每个人只有一次的生命。收钱服务，锅子被你修坏了可以再买一个，但是命只有一条，没了就没了。"

而一个急诊室的主任说："我的女儿，我不让她学医。因为我们做得太苦，24 小时基本上都耗在医院而得不到尊重。如果再这样'医闹'下去，将来就没有人给你们看病！"

站在不同的立场，完全是针锋相对。这边有道理，那边也有道理，真正的道理在哪里，我觉得这是个系统的问题。问题的症结，需要琢磨。有一次和几个医生吃饭，比较随便的场合，有个医生谈到"拿红包"，他居然说拿红包很正常，哪个医生不拿红包？不拿红包的就不是好医生。当时我们觉得蛮尴尬。这时，坐在我旁边的一位德高望重的老医生很低声地对我说："我不拿红包，我从来不拿病家的红包！"人的境界不可能完全一致，我相信有这样的好医生，他们有自己的信仰，他们是楷模。

我们要做的工作，就是还医院一个清白，给读者一个明白。调解医患纠纷，原来都是卫生局指定的机构，人家患者不相信，因为你们跟医院穿一条裤子。现在搞第三方调解，我觉得很好。为什么对医患关系这么重视？因为数据表明，医闹恶性事件，已经仅次于动拆迁矛盾，它变成了一个社会管理的问题。所以，媒体当然有自己应尽的责任。

司法途径解决医患矛盾，耗费的成本很大，可以考虑"医疗责任保险"的加入。国外没有医患矛盾，但"患保矛盾"很突出，医疗事故赔付，跟医生没有关系，钱是保险公司出的。

医患互信的缺失，我们一步步像剥洋葱似的剥下来，归根结底是社会诚信的缺乏。我发现现在有很多问题，都跟社会发展速度太快有关。为什么浦东医患纠纷特别多？是因为浦东的人口导入速度太快。导入一快，服务、医疗质量就下来了。现在的上海医疗，实际上是向长三角、向全国乃至全世界开放，这样就造成了三级医院人满为患。我们做了一篇报道：《指标出色，市民为何有遗憾——从国际比较角度看上海医疗服务》。市领导对此文作了批示："感谢《解放日报》对上海医改在舆论上的支持，希望有更多有深度、有说服力的报道。"

唐铮：今天参加论坛的，有我们镇的新闻志愿者和信息员代表，这些"草根作者"慕名而来，希望跟徐总"互动"。哪位先来？

周夏芸（《人文梅陇》编辑）：作为资深媒体人，您能否用专业的眼光，评价一下我们这本最基层的乡镇刊物？有什么建议吗？

徐锦江：我平时只看两份"社区刊物"，一是黄浦区的《外滩》，它主要谈外滩地区的文化建设。还有就是《人文梅陇》。

唐铮：好荣幸啊！

徐锦江：那个《外滩》"高大上"一些，因为外滩受殖民文化、半殖民地的影响比较深。而《人文梅陇》不同，梅陇是上海的老土地，从本地的土壤中生长出来，很接地气。从专业的角度，我觉得这份刊物办得非常好。当然，因为《人文梅陇》编辑辛培本身也是专家，还有年轻的编辑在参加。对《人文梅陇》，我总结了24个字："社区特色，城镇气息，专业品质，图文并茂，真情故事，人文关怀。"

有一期"爱星专刊"，星星的星，蛮有创意的。刘老师写的一篇《奔向大爱》，写得好，提炼一下，可以提供给《解放日报》去发表。两个普通人的故事很朴实，动机很自然，有新闻价值，也非常感人。

这些正能量，如果不报道，非常可惜。

另外我觉得，梅陇这个地区的人文底蕴，通过《人文梅陇》挖掘出来，让梅陇人感到亲切——天下事，变成身边事；身边事，变成你我事；你我事，变成关心事——这样就做到位了。我觉得，从社区文化的角度，还有很多事情可以做，就像人生故事，每一次追悼会都是人生一台戏的谢幕，每一个主人公都是一个传奇。不是说名人可以写传奇，每个人都可以写。人活一辈子，能没有故事？而且，越是普通人的故事，越能打动人。别看在公园里坐着的一位普通老人，他一定会有很多人生故事。我们也做过这样的报道，可能我们做的还没有你们这么接地气，因为你们可以把身边的人挖掘得更深。我觉得，不断地挖掘，刊物还可以带动周边的商业，推动经济的发展。

梁卫平（梅陇镇新闻志愿者）：我是做图片摄影的。徐总，我不是先认识您，而是先认识您的《申江服务导报》。从创刊，我就是忠实读者，十多年的报纸我都保存着。图片与文字很有关系。图文并茂的《人文梅陇》，我也会反反复复地看，过几个月翻过来再看。

刘辛培（《人文梅陇》编辑，梅陇镇新闻志愿者）：接着梁老师的话，我曾亲眼看到徐锦江他们做《申江服务导报》，是日日夜夜地做。我晚上 10 点钟去，编辑部依然灯火通明。20 年前，我和徐锦江一起去大连开笔会，回来时遇到了很大的风浪，轮船在茫茫大海上下翻腾，剧烈摇晃，一位青年报的记者惊慌地说："要出大事了！"但徐锦江说，他感觉还可以，能坚持。我欣赏他在任何场合下所保持的积极心态。今天蛮巧，是我的生日，徐总比我小一轮——男人的年龄不是隐私（众笑）。我觉得做工作要有干劲，所以想问徐总，年轻的接班人缺些什么？

徐锦江：互联网时代，年轻人有很多优势可以发挥，对他们，要有耐心，要支持。对工作，热爱才会投入，才有激情。你说晚上10点钟我们还在编辑部，这很正常。我们常常干到半夜，年轻的编辑赶他们回去都赶不走。这是企业的文化，这儿待着很愉快。更重要的是他们怀抱着信仰：事业蒸蒸日上，有自我价值的实现。我说过："上路了就不怕路远！"（全场鼓掌）要有这种坚持，要有耐心和韧劲。刘老师为了这次论坛，反反复复给我打电话非常细致，这种精神就像编一篇稿子或约一位作者，有这种劲头就能把事情做好。

李庭昆（梅陇镇新闻志愿者）：我是《文汇报》的老记者，但喜欢看《解放日报》，特别是"连载"。对历史题材的报道，《解放日报》有什么思考？

徐锦江："连载"也由我分管，这是《解放日报》的一个品牌栏目。我会把您的评价带给编"连载"的责任编辑，这对他是一个鼓舞。历史题材，今年我们做了一个"上海——我的1949"。被采访者，最大的104岁。很多采访对象对我们说：你们再不来采访，就来不及了！所以，我们需要拯救上海这座城市的记忆。

马天璋（《和谐梅陇报》编辑）：我在《解放日报》实习过。办好社区报，徐总有什么建议？

徐锦江：一些报纸也在发展社区报这种形式，但毕竟隔了一层，因为他们不工作和生活在那个地方，很难接到深入的地气。文化就是这样，通过社区报，大家有了身份的认证：我们都是梅陇人。

采访，包括题目设计都要精耕细作。上海真正成功的社区报，新闻媒体办的我还没有看到，但国外有很多社区报很成功。你们应该好好设计一下，从人开始，通过细节，把报纸变成梅陇人文化身份认同的一个平台。

薛鲁光（曹行中学语文教师）：我有一个困惑，前几年我的中稿率还有一点，我的诗歌《解放日报》用过几次。然而现在不行了，新的副刊编辑没有用过我的诗。

徐锦江：编辑的理念也在与时俱进。如今，读诗歌的人少了。受众的变化，使诗歌不会作为副刊的主要品种。你可以写一点散文，关键要写出自己的味道。

茅杰（《闵行报》副总编）：今天过来我有两个身份。首先，我是为《人文梅陇》写过两篇文章的作者。其次，刚才会议前徐总跟我们讲，《解放日报》在学《人民日报》，而我们《闵行报》是在学《解放日报》。我想请教，作为闵行区委机关报，如何在典型报道与新闻监督之间做到平衡?

徐锦江：你提了一个非常好的问题。主流媒体的功能，一个是舆论导向，一个是舆论监督；这两方面相辅相成，不可偏废。我们舆论导向讲得很充分，做得很到位。舆论监督，互联网新媒体、微信微博，其舆论监督功能发展较充分，但牵涉到新闻管理的问题；谁也不希望到处都是负面的东西，你也受不了。

人民的诉求，沟通政府和民众之间的关系，对社会不公正现象的报道，也是我们主流报纸应该承担的社会责任，现在让新媒体承担得多了。最近的福喜事件，曝光了一下，它的股票市值立刻下降了 15 亿元。做这个报道要有点胆量，但韩正书记有批示：安全问题要一查到底。这个报道非常成功，老百姓信服，新闻影响力也有了。

你写正面报道，溢美一下，人家不会来找你；写批评报道，一个细节出错，马上就有人来找你。记者，要有职业操守，要有几个消息来源，不能听了风就是雨。报道，最好有个善意的、建设性的结果，而不能出于商业利益、个人动机或者“博人眼球”。你的出发点很重要，不要一个报道把一个企业砸了，人家做一个企业不容易。

张国文（罗阳一村居民）：几年前，居委书记对我说：我们现在搞了个很好的杂志，是杨书记亲自挂帅的。可杨书记是谁啊？我今天第一次见到他。杨书记你不知道，我为《人文梅陇》写了好几篇稿……我的问题是：刘老师64岁了，有没有接班人？

唐铮：这个问题要问杨书记。请问杨书记，有没有"现场感言"？

杨建华（梅陇镇党委书记）：很高兴梅陇请来了徐总编。我们为什么走到一起？因为《人文梅陇》搭建了一个平台。

感谢徐总，感谢区委宣传部和《闵行报》，更要感谢今天参加会议的所有的志愿者。刚刚那位张先生讲了，来了几年，没认识杨建华。对我来讲，估计有官僚主义。但是见杂志如见人，看到杂志就认识你这位作者了。

杂志及文化事业的建设有一个过程。刚才张先生问到，刘老师年纪大了，今后谁来办这本杂志？《人文梅陇》创刊时，由政府引导，梅陇的志愿者是采编主体，还有社会的支持。你们提的很多问题，是我杨建华接下来要做的，会按照你们的意愿，根据实际情况去做好它。

今天这个微论坛，关乎核心价值观的引领和探讨。我2009年到梅陇时想，梅陇下一阶段，靠什么去发展？我们面上看到的是数据，但梅陇要走得更远，需要文化力量的支持。那时我想到，梅陇，需要一本人文类的文化刊物。

张国文：我很赞成，我今天说话没过瘾。我经常在世界上跑，一个国家没有文化，有军舰有大炮有航母都不行，只有通过文化让外国人知道中国人是怎样的人；文化才能使一个国家兴盛。不好意思，打断了杨书记的讲话。

杨建华：有了这个想法以后，我就寻寻觅觅：谁能跟我一起来完成这件事情？找了大半年，在一次社区工作会议上，碰到了刘辛培老师，闲聊之中我把我的想法与他作了沟通，他告诉我，他能做这件事情。

原想，这个杂志有一个留存作用就行了，但是，第一期样稿给我震撼很大，这似乎不是一个乡镇能够办的杂志。于是我担心，高质量的刊物能不能办下去？而且当时，对杂志的形式和内容都有争议，包括封面的设计，但是我跟我们刘老师一起坚持下来，封面不能变，以留白来展开所有的遐想；内容上，要坚持文化品位，以真情故事打动人心。这本刊物走到今天不容易，要感谢到会与未到会的新闻志愿者的默默奉献。

座谈之前，我和徐总在聊，一个城市一个区域，最高的价值是什么？是文化。如果一个城市一个区域没有文化，那就是空城。梅陇有经济的总量，有没有文化的力量？我想，如果我们的核心价值观，我们的这本杂志，能坚持十年二十年，梅陇的人文、梅陇的文化就会看得见摸得着。

刊物记载了历史，这个过程就是文化。文化的背后是历史，在历史流淌的过程中又产生了新的文化，这就是传承。

这个会，给了我很多信息，也听到了志愿者们对梅陇发展的建议。作为镇党委、政府，要尊重历史，要实事求是。我们做事，虽说隔行如隔山，但理是相通的。坚持实事求是，就能走得远。作为青年干部，基层锻炼要耐得住寂寞，要有黄金心态。社会发展太快，给人的心理带来了浮躁。浮躁中，能留下自己的一片净土，就是你成功的基础。

唐铮：感觉非常深刻。作为分管宣传的同志，我更加有信心把文化工作做好！我们的邢红光副部长有什么想跟大家沟通一下？

邢红光（闵行区委宣传部副部长）：参加这个论坛是第一次，但感触非常深。我有三句话，第一句是“微论坛大效应”。刚才很多同志还想发言，觉得时间不够，不过瘾。这个“论坛效应”非常好。我们的很多论坛都是单向的，一个人在讲，没有回应，没有互动。

第二句话是“文化要有根”。《人文梅陇》展现了梅陇的本土文化，包括刚才徐总讲的典型人物，这个也是我们闵行的、梅陇的文化，这是一种人生价值的文化。我们需要借助这个平台把梅陇本土的文化更好地挖掘出来。有一句话叫“土得有品位，洋得接地气”。

第三句话是“文化要让人感知”。我们的文化要让人感受到——借助平台，传扬梅陇的文化，让梅陇人感到生活的美好——感觉很自豪，脸上很光鲜。

唐铮：真精彩！无论是徐总的主旨发言，各位同志的提问，领导的“现场感言”都非常精彩，相信与会的同志都深有感受。我看到，基层群众期待着党和政府以及我们的主流媒体能更多地搭起一个个平台，让更多的文化元素在老百姓的心里生根发芽。

感谢徐总给我们带来的思考，感谢徐总这两年对《人文梅陇》的关心和支持，期待徐总和区委宣传部一如既往地关心、支持梅陇的文化事业！

鲍美利传递“开心”到梅陇

2014 年 10 月 20 日下午，在第八期“人文梅陇微论坛”上，“感动上海年度十大人物”鲍美利和她的团队成员，用歌声、琴声及生动的语言，将“开心小屋”的发源和成长历程娓娓道来，打动了梅陇的听众。

鲍美利，一个 78 岁的退休音乐教师，用自己的歌声和乐观，改变了一个个老人的晚年。这么多年，许多老人带着各种各样的烦恼，来到“开心小屋”，他们有的沉迷过麻将，有的得过抑郁症，有的家庭不和，但“开心小屋”用神奇的力量改变了他们的人生。

如今，“开心小屋”已发展到 22 家，成员 200 余人，还有源源不断的老年人慕名而来。

论坛现场，鲍美利站在长桌前，双目炯炯，中气十足，绘声绘色地讲述“开心小屋”的故事。演讲中，鲍美利的三位团队成员，分别用平实的语言叙述各自从“不开心到开心”的经历，情之所至，他们还在鲍老师的钢琴伴奏下，高歌一曲，抒发衷肠——歌声引得四座皆惊，会场中不时爆发热烈掌声。

论坛最后，众多听众纷纷提出了自己的问题。鲍美利的回答，从容亲切，真实感人，触动了大家情感中最柔软的部分——罗阳六居居民胡晓敏听得热泪长流，情不自禁地上台与鲍老师久久拥抱。

“开心小屋”用自己的欢声笑语与人生智慧，为梅陇的社区干部、新闻志愿者、《人文梅陇》的作者、读者上了生动的一课。下面，摘录一部分鲍美利与梅陇听众的“互动”：

问：我退休后心里很失落，没地方玩，只得到原来居住的黄浦区半淞园路街道去玩，来来回回跑了五年。去年一个偶然的机会，有朋友介绍，梅陇有一个很开心的地方，叫文化体育活动中心——在图书馆，一本梅陇办的杂志上有一篇关于鲍老师的文章。我看过以后，就想去龙柏拜访鲍老师，想不到鲍老师今天来了！

鲍美利：欢迎你来“开心小屋”！退休后“失落”的问题，我们也是蛮多的；对女同胞来讲，还有一个更年期，需要进行调整，心态的调整是健康的保证。

“开心小屋”里有个成员，觉得一只手弹电子琴不够刺激，她说我不是残疾人，我另一只手也要弹，我能买架钢琴学学吗？她的儿子立马反应：“妈妈，我们马上去买架钢琴，马上买！”孝道，这是多么大的精神安慰啊。他的儿子，原来过年要给长辈红包的，这次新年里发了三个“大红包”：三架钢琴，一个送给老妈，一个送给姨妈，一个送给岳父。岳父以前抽烟很凶，弹上钢琴后，香烟很少抽了。什么是“孝”？不就是让父母“老有所乐”吗？来“开心小屋”，不再孤独。一孤独，你就做“三等”公民了——等吃等睡等死。

问：看了《人文梅陇》上的文章，知道您的大嫂是著名越剧演员马樟花，想了解一下，您所知道的马樟花？

鲍美利：我的家，旧社会叫鲍公馆，我是鲍家三小姐。为什么我的“鲍美利”是胜利的“利”而不是美丽的“丽”？因为我爸爸是

激情洋溢的演讲

鲍美利的开场白引起全场一片笑声

鲍美利——回答提问

鲍美利和"小屋"成员即兴演唱

会后，鲍美利和梅陇听众说悄悄话

吃洋行饭的，算是"外资单位"，我家几个姐妹是爸爸到一个地方养一个。我出生在温州，是家里最小的女儿。我出生的时候家里的生意最顺当、最得意，所以叫"鲍美利"。我 1936 年 10 月 1 日生的，1937 年到上海来。

妈妈是贤妻良母，到上海交了上海朋友，喜欢一起去看绍兴戏，虽然大字不识，但绍兴戏看得懂，每次看戏她都要送花篮。当时的演员叫戏子，她们找干爹、干妈，因为生活没有保障，要碰到流氓。我妈妈当时看中了马樟花，这也是缘分。马樟花第一次来我家时，我才三岁，当她进门时，我从亭子间摔下来，头卡在楼梯间。按迷信来讲，这是不吉利的，但也没什么。然而，马樟花第二次来我家时，我又摔了一跤，我怎么这么触霉头，为什么早不摔晚不摔，她进来两次我摔两次？嫁到鲍公馆，对马樟花来说是翻了个身，有了依靠，我哥哥是大学生，当时和"戏子"的地位相差很远，大学生和"戏子"结婚，在当时是前所未有的头一次，可"父母之命媒妁之言"，哥哥只得从命。马樟花死了，我哥哥便出国去了。马樟花从订婚结婚到死去，只有两年时间，对家里的损失却很大。因为，订

梅陇听众一批批与鲍美利合影

罗阳六居居民胡晓敏擦干眼泪感受鲍美利的真诚

刚学会弹钢琴的阿姨为鲍美利等伴奏

婚、结婚和丧葬，我家每一次的排场都很大。我对马樟花印象不深，这些事，是后来一点点听家里人说的。

问：听了您的演讲，觉得“开心小屋”很符合和谐社会的氛围。我是收藏协会的，对您也久仰大名，可不可以请您在我收藏的《人文梅陇》杂志上签个名，留作纪念？

鲍美利：从建立“开心小屋”的经历来讲，是很艰苦的。但现在我们觉得很幸福，因为我做的这件事得到了社会的认可。我觉得，有生之年能够尽力而为地为大家做些事，很开心，很幸福。签个名没问题，你的快乐，也是我的快乐。

问：健康是开心的基础，“开心小屋”是否交流健康之道、养生之道？

鲍美利：“开心小屋”是不挂牌的癌症俱乐部。我本人就是癌症病人。生病的人常常自卑，但“开心小屋”里没有歧视，所以很开心。我们这里有很多癌症患者，肾癌、乳腺癌、肠癌……有个阿姨，被医生判定还有一个多月的生命，她肚子很大，都是腹水，但她把大家在“开心小屋”里唱的歌，录在U盘中，在病房中天天听。医生问她为什么总是听这几首歌，她说，这是她的精神力量。去年5月，她多活了一年半后，她爱人用轮椅车把她推到“开心小屋”，我们再唱《芦苇疗养院》：“养好身体上战场！”四个月后她走了，是含笑而走的。

问：鲍老师，你现在这么忙，爱人又在医院里，你的时间是怎么安排的？还有，“开心小屋”有没有新的打算？

鲍美利：我老伴2013年两次脑梗，两次心梗，装了两个支架，脚已经不能走路，瘫痪了。他琴不能拉了，一口流利的英语也不会说了。这样的情况下，镇里问我有什么困难尽管提，可我想，等他实在不行了再送医院。我把时间分成三份，三分之一时间照顾老伴，三分之一时间到社区各个“小屋”去，还有三分之一时间睡觉，要保证睡眠。

我的老伴对我的工作很支持，我很感谢他；没有他的支持，“开心小屋”不会有这样的成绩。我们 22 个“开心小屋”，18 个屋在小区里，有一个在黄浦区，有一个在长宁区福利院，还有一个在病房，都是有联系的。现在，我们在组织一个“聊天小屋”，准备到敬老院去，与老人们聊聊天，唱上一段越剧、沪剧，让他们开心。我们弄了个“开心社”，与居委挂钩，解决社会上一些不开心的事，每周六上午为大家服务。还有，在虹桥社区报上，我有“专栏”，回答各种居民的问题，有意见我们也可以帮忙传递，这是“开心小屋”的对外窗口。我的梦想，是让“开心小屋”遍地开花，使老年朋友过上幸福的晚年生活。

古诗词中的人文精神

文 / 张炳生

现在生活节奏比较快，读古典文学尤其是读古诗词的人不多了。娱乐时代搞得热火朝天，“娱乐至死”，功利至上，都要赚钱，哪能够像古人一样，坐下来，好好地读书？就是中文系的大学生，细细读过四大名著的恐怕也不多。

张炳生在论坛上发言

中国是一个诗的国家。康德说诗是文学作品里最高级的艺术。“夜间的月光下，我走在田间的小路上”——这是散文，其描述平实、自然；“扑通一下，他跌到水塘里”——这是小说，描写曲折有情节；“忽然长出了两只翅膀，扑棱扑棱飞上了天”——这是诗歌的浪漫。所以说，诗歌是最高级的艺术。没有一点“神经质”是做不了诗人的。

从诗经、楚辞到唐诗、宋词、元曲，这些闪耀着晶莹剔透璀璨光芒的诗句、词曲，被代代传诵，成为无法磨灭的文化遗产。孔子说，诗经三百篇，用一句话来说就是都没有邪念，教育大家好好做人。有一天，孔子的儿子孔鲤从他身边快步走过，孔子问：“读书了吗？”儿子说：“没有。”孔子说：“你不学诗歌没办法好好说话，快回去学习。”第二天，孔子又叫住儿子：“有没有学礼？”儿子说：“没有。”孔子说：“你不学礼没办法做人，快回去学礼。”

诗经是春秋时期诗歌的集合。诗经是长出来的，在那个土地上自然地生长，符合当时的民情。恋爱时，我们念着“窈窕淑女，君子好逑”时，心里便充满了甜蜜，那辗转反侧的思念，难道不是此刻洋溢在心中的焦渴吗？

唐诗是喊出来的。初唐四杰要喊，盛唐时李白喊出“蜀道之难难于上青天”。

宋词是“想”出来的。宋词中朱熹写道：“半亩方塘一鉴开，天光云影共徘徊。问渠那得清如许，为有源头活水来”；苏东坡写道：“不识庐山真面目，只缘身在此山中”；王安石写道：“不畏浮云遮望眼，只因身在最高层”。“想”得多好啊。

唐朝的律诗一改过去六朝的靡靡之风，有了格律诗，如七绝、七律。律诗将诗的发展推到了最高峰，唐代出了五万多首诗。

词是诗之余，是诗剩下来的。词经过宋朝的发展后，形成了诗词的另一座高峰。后人说，李煜是词界“第一高手”。柳永、李清照、苏东坡、辛弃疾都是有名的词人。林语堂说苏东坡是哲学家、诗人、文学家、美食家，但是一切都概括不了苏东坡。提到苏东坡，大家会相视一笑，这是因为，苏东坡和大家的关系非常贴近，他写的词大家都非常熟悉。

欧阳修说：“世路风波险，十年一别须臾。”古诗词给我们的就是这样的感觉——当美妙的词句扑面而来时，悠悠时光便在身边掠过，恍如一世。当翻阅吟诵着典雅的诗句时，我们会惭愧地发现，自己的生活是多么的粗糙。

有妙龄女子说到苏州，只会说“嗲来，嗲得不得了”；有小伙子站在长城上，想抒发一下心中的情怀，憋了好久，憋出这么一句：“长城啊，你他妈的真是长！”如果你的头脑里有点古诗词的积累，你聊天、旅游或写文章时，心中就会充满浪漫情怀，就会“此时无声胜有声”。

《人文梅陇丛书》首发研讨会

唐铮（论坛主持人、梅陇镇党委宣传委员、文明办主任）：欢迎大家前来参加梅陇镇第十二次“人文梅陇微论坛”——“让读书人有梦想，让写书人有舞台”《人文梅陇丛书》首发研讨会。党的十八大倡导全民阅读后再次把“书香”和“阅读”提到了一个新高度。在这样的大背景下，今年（2015年）初，梅陇镇党委与上海人民出版社进行了一次合作尝试：在梅陇的普通居民和成熟的社区工作领域中出版书籍。通过精心筹备，今天，《人文梅陇丛书》首批四本书新鲜出炉了。

《人文梅陇丛书》是梅陇镇党委、政府打造群众文化、培育人文精神、践行社会主义核心价值观所做出的新尝试，正因为如此，闵行区委书记赵奇欣然为“丛书”作序，增添了我们探索新模式、开创新平台的信心和勇气。

四本书中，《品茶的感悟》是现居梅陇的我国著名戏曲史家、文艺评论家蒋星煜老先生所写的关于茶的散文。蒋先生是爱茶成痴的人，且在茶史、茶文化研究上造诣很深。他眼界广阔、发掘深入、见解真切，行文趣味盎然。《鸿爪雪泥》来自从事新闻工作38年的梅陇居民张炳生。他原是《江西日报》副总编辑，现任梅陇镇党员服务中心讲师团讲师。此书收录了他50余篇立意巧妙的短文，通过对社会现象的精准点评，引发读者深思。《体坛撷英》是现居梅陇的原《文汇报》体育版主编李庭昆先生在20世纪八九十年代对一批体坛名人的采访集，读来极具时代感和亲切感。《人民调解——基层工作实录》跟前三本书风格有些不同，其收录了梅陇基层明星调解员工作中的苦与乐，他们以社会稳定为己任，体现着人文关怀。蒋星煜老人96岁高龄不便来现场，现在请另外三本书的作者或主编发表感言。

李庭昆：台湾学者李敖说：人生八十才开始。我觉得到了八十岁以后，第三代也已长大成人，家内家外一身轻，所有名利都置之度外，真的是最好的时光。我现在像在足球比赛的下半场，踢得更精彩。2005年，我从国外回来，搬到了梅陇，成为梅陇镇新闻志愿者，又开始了跑腿拿笔杆子的生活。生活在“人文梅陇”很幸运。我有三个百岁梦：希望到了一百岁也能拿起笔、迈开腿去采访；想成为百岁书法爱好者；希望到一百岁还能运动。我想我的梦想能在梅陇的土地上实现。

张炳生：在今日梅陇这块土地上，由“田园”变成“都市”的历史进程的人文积淀，具有极为特殊的价值。大量移民聚集梅陇，落地生根，交融汇聚，创造了一种新的文明。梅陇镇党委和政府看准了文化兴镇的重要性，以文促经的必要性，多年来在营造文化氛围上埋头干实事，在打牢文化根基上扎实下功夫。

多年的努力和付出，造就了梅陇良好的文化氛围。无论走进哪个小区，文化都在为人们提供着丰富的精神养料，潜移默化，给人们以熏陶，激发着无穷的想象力。可以说，梅陇文化氛围的时节，

研讨会现场

作者与读者签名互动

上海电视台采访孙永山

不只是“当春乃发生”，而是时时处处体现出“文化灵性”的隽永魅力。十年树木，百年树人。营造文化氛围，需要一代代人潜心耕耘，持之以恒。梅陇镇党委、政府做了开拓的先行者，同时还要靠全镇人民一齐努力。

孙永山（梅陇司法所所长）：梅陇这样一个人口大镇，在社会格局多变、利益多元的形势下，各种利益碰撞，许多现实的、潜在的矛盾层层叠加，不仅量多还比较棘手和复杂。在众多化解矛盾纠纷的方式中，人民调解以其省时、省力、省钱、方便、快捷，又不使亲情、友情破裂等诸多优点，受到广大人民群众的普遍欢迎。目前全镇建立了105家调解组织，广大人民调解员充分发挥他们的聪明才智和创造力，许多疑难、复杂的成功案例，许多来自基层的调解方法应运而生。《人民调解——基层工作实录》中的文章和案例全部出自基层人民调解员之手，这些原生态的“农家菜”散发着清新和质朴。

唐铮：有了梦想的舞台，就会有更多的追梦人。当然这个舞台不是一天就能建造起来，我们之前在努力，之后还会更努力，争取将这个舞台搭建得更大，更受欢迎。下面请陶生女士介绍梅陇镇《人文梅陇丛书》五年行动计划的初步设想。

陶生（梅陇镇党委副书记）：为了在全镇范围内进一步鼓励、动员广大群众爱读书、读好书、会读书、会写书，现制定《人文梅陇丛书》五年行动计划。

计划与目标：从2015年至2019年，每年编撰出版书籍3—5本，内容涵盖核心价值观、历史文化和社会发展建设等内容，在梅陇初步形成“党委政府搭台、社会力量参与、人民群众唱戏”的“读书、爱书、写书”模式。

定位与内容：《人文梅陇丛书》将定位为梅陇人将外在精神吸取转化为内在人文展示的平台，成为精神文明建设先进典型宣传与弘扬的平台，成为社会建设中先进做法经验展示的平台。主要面向的人群和涉及的内容：(1) 所有生活、工作、创业在梅陇的对人文与文化感兴趣的个人或群体。(2) 所有致力于挖掘与弘扬梅陇地方特色文化发展的成就与作品。(3) 在社会建设、社会管理、转型发展等领域做出有益探索，取得明显成效的经验、事例与做法。(4) 各种提升精神文明水平、弘扬人文精神、传递正能量的有益探索和成果。

计划与打算：第一阶段，2015 年：起步尝试阶段，成立《人文梅陇丛书》编辑委员会，下设办公室，负责书籍编辑过程中与出版社和作者间的组织协调，确保书籍按时按质完成。尝试出版第一批四本书。第二阶段，2016—2018 年：稳步推进阶段。出台《人文梅陇丛书》出版制度，进一步完善选题、确定内容以及出版发行等细节，每年将在文学、文化、生活、社会建设等方面各出版一本书，做好书籍出版发行后的宣传与推介，扩大该项目在梅陇镇内外的作用力和影响力。第三阶段，2019 年：成熟总结阶段。全面总结前几年书籍编辑与出版的各个环节与各项工作，通过专家研讨会及广泛听取居民意见等形式作好效果评估，指导完善下一步工作。

措施与要求：(1) 加强全镇读书队伍建设，培育写书人强大的群众基础，做大做强各类读书会、学习小组、宣讲团队伍及文化新闻志愿者团队，以此为骨干力量充实到爱书读书写书中来；通过项目化扶持的方式，切实做好文化引领、团队培育、人才培养等工作，不断提升群众读书写书的参与度。

(2) 提升群众自觉读书意识，在社区居民中开展系列读书和演

李庭昆有感而发

贾树枚（右）和居欣如

陶生谈“五年行动计划”

邢红光（左）和杨继桢

王兴康谈合作

讲活动，在青少年中开展“书香伴我成长”读书比赛活动，在老年人群体中开展“夕阳红读书日”活动，让读书读报成为老年朋友的广泛爱好。

（3）制定编书计划，确保书籍保质保量出版。保证出版的书籍具有一定的可读性、代表性和可借鉴性。出版前一年要结合实际情况，深入挖掘素材、确定出版内容；出版当年要严格把控文章质量，出版过程中与出版社认真仔细合作。根据梅陇人文精神与社会发展的实际情况，认真把好选题、编辑、出版等环节，让丛书充分反映梅陇百姓和梅陇社会的“文化生态”，打造梅陇镇又一文化品牌。

（4）做好书籍推广与使用，通过参与各类书展、组织书籍出版首发仪式等活动，让更多的人主动阅读、了解和喜爱，最终形成“让读书人有梦想，写书人有舞台”的良好局面。

唐铮：我们一直在打造人文精神、挖掘接地气的群众文化方面做了多方面的尝试，从 8 年前创刊的报纸，到 3 年前创刊的杂志，到如今首发的《人文梅陇丛书》。我想请上海人民出版社的领导，来谈谈与基层社区合作的感受。

王兴康（上海人民出版社社长）：书是人类的精神食粮。爱书者如杨建华书记所说：多一个爱书的人，社会就多一分和谐。应运而生的《人文梅陇丛书》也是闵行区大力推进文化建设的一个缩影。上海人民出版社平均每天出一两本书，出版的人群也是各式各样，但是由街道、镇层面主编，由居民写书还是一件新鲜事。这次首发的四本书，质量都相当不错，作者对社会敏锐的观察从不同侧面展现时代的文化风貌，为我们曾经经历过的历史岁月记下难忘的一笔。我们现在所做的这项工作，就是在为后人留下宝贵的历史资料，也是一个修史的过程。

我们现在所处的是一个快速发展和转型的时代，世界上有很多国家就是在它的转型时代，文化呈现出千姿百态的样式，比如法国。那时候，法国每个社区都有活动频繁的历史爱好者的研究会，定期举行活动和出版通讯等。我想我们走的路径和当时法国转型后对本地乡土文化的重视是不谋而合的。《人文梅陇丛书》同样在做这样一个文化工程，它在书写梅陇的现在，也在书写梅陇的历史，就像张炳生先生所言：今日的新闻也会是明天的历史；就像李庭昆先生所言：我们也在为梅陇镇记下一些灿烂和辉煌。如此，便完成了我们共同的初衷——打造人文梅陇，建设书香社会。社区是社会主义核心价值体系建设最基础的阵地。社会主义价值体系能否永葆活力，就在于能否将其内化为所有居民的思想意识和价值取向。作为编撰人员，我们愿意出“人文梅陇”这样的好书。

唐铮：王社长的发言让我们更有信心。想听听各位专家的意见。

贾树枚（市委宣传部原副部长，现中国记协常务副主席、上海记协主席）：大家的发言使我受到很大的教育，一个很突出的感受是社区文化建设和文化活动正在进入一个新的阶段，上升到一个新的高度。过去社区文化主要是搞搞展览，马路上贴贴标语，搞个卡拉OK、跳跳舞蹈等，但今天这个活动表示，我们社区文化活动已经不止在这个阶段，丛书的内容广泛而深刻，而梅陇镇的文化建设为上海市及全国基层文化建设提供了经验。

居欣如（《解放日报》原副总编，现全国报纸理论宣传研究会副会长、上海市老新闻工作者协会副会长）：今天扑面而来的是浓郁的文化氛围，一个社区能搞成这样是非常不容易的。《人文梅陇》杂志我每期都看，我觉得办得很不错，有些文章大报可以转载。现在地铁上的年轻人都在看手机，这些只是碎片化的读书。如果不能沉稳地读书，难以想象我们的民族将来是什么样子？梅陇镇能高举“读书、爱书、写书”的旗帜很了不起。当今我们到底缺少什么？我们不缺高楼，不缺地铁，不缺物质上的东西，但我们缺少精神、信仰、理想，这些东西是在读书中传承，在读书中修身养性。我们报社在这里，我算半个梅陇人，我也希望，以后努力写点文章，争取在梅陇出书。

杨继桢（闵行区委宣传部副部长、区文广局局长）：刚才我在微信里发了张论坛的照片，马上别人回了一句话：梅陇人好有文化哦！我也是梅陇人，所以蛮高兴的。《人文梅陇》杂志从第一期开始我都看，也会提一些建议。今天来到第十二期微论坛，我的感触非常深。我做了二十几年媒体，2008 年回到闵行老家，然后天天搞“巴扎黑”，跟广场舞大妈在一起。刚刚贾部长讲到我们社区的文化是否永远是这种形态？今天梅陇给了我另一种感悟——《人文梅陇》杂志是发现资源的平台，原来不知道梅陇这么藏龙卧虎。怎样激活社区里潜在的资源是政府职能部门应该动脑筋去做的，而梅陇很好地做了这件事——这也是非常好的营造文化氛围的抓手。还有，《人文梅陇》杂志是一个寻找家园的通道，这本杂志的内容千姿百态、非常庞杂，但每个人都认同梅陇是我的家园，寻找这样的归宿感。比如张老师在江西那么多年，突然发现自己是梅陇人，他找到了这个寻找家园的通道。如果没有这本杂志，这么多资源也许不会齐聚到这里。

有两点期盼，刚才陶生副书记讲了五年计划，但做好这件事可能不止五年时间。如果杨建华书记调走了这五年还能不能坚持？我非常期盼“人文梅陇”这个平台能够有一个持续性，因为文化到了一定的厚度才能显现它的力量，所以希望能“坚持”。还有一点期盼是期盼它的溢出，梅陇现在做了示范动作，闵行区有13个街镇，梅陇的资源也可以向其他街镇溢出，希望梅陇为全区的文化建设提供更多资源。

有个不成熟的建议，《人文梅陇丛书》可选择一个关联的概念，并非非“梅陇”不可，这样“人文梅陇”的概念才得以成立。

邢红光（闵行区委宣传部副部长）：今天来的好多是大家，我说一下自己的感悟。第一个是文化需要个性挖掘，比如颛桥的民间文艺，它的剪纸，基础比较好；浦江镇在沪剧的创作、演出上搞得有声有色。我们梅陇，现在叫“人文梅陇”，有其他独特的资源：读书人、爱书人、写书人，梅陇抓住了这个资源优势，把“人文梅陇”作为文化符号传递出来，今天借《人文梅陇丛书》首发研讨会把地域文化特色更好地表现出来，把读书作为一种生活方式、行为习惯。

第二个是文化需要持续积累。《人文梅陇》搞了个微论坛，去年我也参加过，现在已经搞了十二期，实际上每次的微论坛都是一个文化积淀的过程，刚才杨局长讲到怎么把这件事、这个五年计划持续下去，确实是一件重要的事情。我们现在做的事情，就是为我们这个地区、我们后代的后代积累文化的财富，所以为了防止杨书记被调走，这件事应该写入梅陇镇“十三五”规划，希望让这样一个好的品牌持续生存下去，为地区、为老百姓、为后人积累宝贵的财富。

第三个是文化需要扩大传播。前几天和唐铮谈到，每年上海的书展，搞得轰轰烈烈，去年把书展扩大到崇明等偏远地区，目的是想让偏远的百姓享受活动的成果。今年我们在跟市里协调，准备搞上海书展闵行分会场活动，把《人文梅陇丛书》签名活动纳入这次活动中，以此达到“让写书人有舞台”。我们宣传部有这样一个平台，把效应放大，让更多的人知道《人文梅陇》，更多的人参与“梅陇文化”的创作，把梅陇人“读书、爱书、写书”这个特有的文化活动更好地延续下去。

唐铮：感谢区领导给我们更大的舞台，让我们这个小舞台在大舞台里扩大影响力。最后，请镇党委书记杨建华讲话。

杨建华（梅陇镇党委书记）：首先我代表镇党委、政府感谢今天参加微论坛的市里的领导、专家对梅陇发展的建言献策。刚才杨局长给我出了一个题目：城市的灵魂是什么？我想，这个灵魂就是“人文”。一个城市经济发展再强，社会功能再完善，如果没有“人文”，这个城市就没有生机；只有在城市发展中，更加注重人与人之间的尊重、爱护、关心，这个城市才有灵魂。我们《人民调解》这本书，就是写我们最基层的人与人之间的情与法，以人文精神去化解矛盾。去年上海市委推出一号课题，基层社会治理是我们当下最重要的工作，而《人民调解》中的作者，就是确保“一方平安”的梅陇镇的人民调解员。

正是有了信仰与坚守，我们的几位作者，才有了今天的作品。读书、爱书是一种素养和品位，写书是在一个舞台的坚守，今天我们看到的四本书，就是“坚守”的展现。《人文梅陇》杂志2012年创刊到现在，刘辛培老师有一个团队，他作出了贡献，因为有了这个平台，才有今天我们看到的四本书，这是“人文梅陇”的延伸和拓展，给了所有梅陇人梦想，给了梅陇人很多无形的关爱。五年的行动计划，仅仅是一个阶段，一个地区的文化积淀要通过几十个五年，不断延续下去。我们现在在制定“十三五”规划，不管领导换了什么人，“人文梅陇”与人文精神总是要延续下去的。

唐铮：我们将不断努力，在提升区域文化底蕴的同时，带动更多的人享受“悦读”生活。

激情来自感动

文／龙尚行

珊卡是中国音乐家协会会员、中国明星书画院名誉院长。2015年9月10日下午，他来到第十三期《人文梅陇微论坛》——演讲时，结合创作经历，他猛然站起引吭高歌，极具感染力的歌声不仅使满场听众全神贯注，连路过的保洁阿姨也听出了神。

起重工出身的珊卡不会弹钢琴，不会中西乐器，连“豆芽上楼梯”的五线谱也只认得几行，但他创作的3000多首歌曲中有89首获国家奖，其中《五十六根琴弦连北京》，荣获共和国最高的“五个一工程奖”。

家境贫寒，原名姚春荣的珊卡初中毕业就工作了，四十多年随水电大军跑遍川、甘、闽、皖，建设诸多水电站。

一本薄薄的《乐理知识》成了他最好的老师，翻破了粘粘好，缺页了补一补——他有了创作的冲动，第一首歌写出来，工友拍手叫好，催着他把歌寄到歌曲杂志编辑部。接着，一首又一首歌曲从他手中飞出……然而，发出的稿如泥牛入海，编辑们谁也不屑于看一眼吊车工谱的歌曲。

他的投稿被删被卡，他干脆取笔名“珊卡”，鼓励自己锲而不

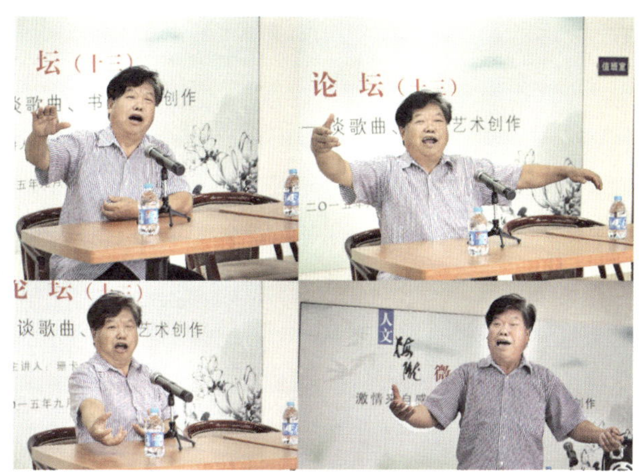

珊卡激情演讲，现场歌唱自己创作的歌曲

珊卡现场挥毫，大家近距离观赏

珊卡为《人文梅陇》的题词

舍……终于，他十七年前写的歌曲《五十六根琴弦连北京》，遇到了伯乐，在十七年后获得全国最高奖。

他说："作为一个业余作者，首先要有一个平和的心态，我不是为金钱名利创作，我只是享受创作的过程，在刻苦的努力中获取快乐。同时，我对自己的作品有鉴赏能力，所以不气馁，坚持信念。"

音乐没有国界。2006 年，他为首届全球华文教育促进大会创作的会歌《中国风，汉语热》，不但引起海外华人的强烈共鸣，也受到了各国友人的高度赞赏。在西班牙，他们用不同的语言唱起："从阿尔卑斯山，到密西西比河；从热带雨林，到莽原大漠；你也讲中国话，我也讲中国话，悠久的华夏文明，给人类留下不尽的思索……"动听的旋律，美妙的歌词，唱着唱着，男男女女的老外排着队，给了他一个个激动的拥抱。

这首歌，被定为全球华文教育促进大会永久性会歌，由我国侨联国家博物馆收藏。

几十年的辛勤创作，他终于名满天下，尽管他没有什么文凭；在多次获奖中，他底气特足，因为不少知名作曲家的"获奖名次"都排在他后面。

可是，别具一格的"珊卡体"书法则得之偶然。

学音乐，珊卡的经典学习法是抄乐谱，因为抄写中常能与作曲家产生共鸣——抄着抄着，别人看来单调枯燥的活，却让他有了灵感：那些音符多像一行行漂亮的汉字！歪打正着，他竟然探索出行楷相间，篆隶结合，点划灵动的"珊卡体"书法，连获当代中外书画大赛银奖、国际硬笔书法银奖……

他说："创作就像打井，东一锄头西一锄头，是永远打不出水来的。只有选好位置，打井不止，才会水涌如泉……关心身边的事，你会被一些人或事感动，于是，激情就产生了，如让人震撼的‘9·3’大阅兵。”

妙语连珠，警句迭出，珊卡挥洒自如的演讲，折服了文学读书会、侨联、闵行诗社朗诵团和《人文梅陇》的作者们。

感动于梅陇的文化氛围，珊卡老师又说又唱又写，欲罢不能。

一转眼，三个多小时过去了，75岁的珊卡老师该歇一歇了，听众们恋恋不舍地与他告别。

叶辛献计《人文梅陇》

文／秋　实

对《人文梅陇》这样一本乡镇级的刊物，中国作家协会副主席、著名作家叶辛颇感兴趣，作为闵行人的他，与刊物的编辑们进行了两个小时的交谈。

在肯定了《人文梅陇》的思想性与可读性，赞扬了《人文梅陇》的编排思路与版式设计后，叶辛感慨道，如今的杂志不好办，办一本受群众欢迎的杂志更难。因为，编杂志是一个“综合工程”，领导支持是必需的，但我们的编辑，如果没有敏锐的思想，感觉不到时代的脉动，就不会有老百姓的“喜闻乐见”。

叶辛近影

所以，叶辛建议，经常召开读者作者编者的座谈会，在听意见、充实新内容中促调整：一篇一篇的文章，一个一个的栏目，摸排一下“受欢迎”的程度。

叶辛说，乡镇文化，社区文化，

都是“原生态的文化”，它的魅力，就是群众的广泛参与。因此，“人文梅陇”——尽管这四个字将成为一个品牌，但它不只是梅陇的符号；因为人文情怀，是我们内心共同的价值追求。《人文梅陇》的平台，除了梅陇人的参与，也应该欢迎闵行人、浦东人以及一切贴近海派文化的本埠百姓的参与。

如果没有21年的贵州知青生涯，也许就没有叶辛的

人文梅陇
亲近群众
感悟人生
意味隽永
壬辰夏日 叶辛

叶辛为《人文梅陇》题词

叶辛重返贵州

《高高的苗岭》、《蹉跎岁月》和《孽债》，还有后来仍然以知青为主题的《在醒来的土地上》和《客过亭》。生活是写作的唯一源泉。叶辛欣喜地看到，《人文梅陇》中，一些普通梅陇人撰写的动人的“生活经历”。事实上，几乎人人都有自己“独特的、宝贵的人生经历”，为什么不拿出来让大家共思、共赏?

所以，搞一些征文是吸引群众参与杂志的好办法。叶辛说，第一个征文的题目可以定为《我与梅陇》；题目大点，让人有写作的空间。而天马行空、不着边际的文学作品群众不爱看。

最后，叶辛为《人文梅陇》杂志欣然题词：“人文梅陇，亲近群众，感悟人生，意味隽永。”

叶辛老师的坦诚和智慧，使编辑们受益匪浅。

居民提笔撰写《人文梅陇丛书》

文／施晨露　郭艺珺

由梅陇镇百姓作者所著的《人文梅陇丛书》日前由上海人民出版社出版。这是上海市首套由基层政府发动居民撰写并组织出版的丛书。

从报纸到期刊到丛书

很长一段时间里，商业繁荣是梅陇镇给人的第一印象。2007 年，梅陇镇组织了一支新闻志愿者队伍，《和谐梅陇》报创刊。几年内，越来越多爱书爱报的居民聚集起来，在各个社区组建起读书会，最多的时候 60 多个居委会都有自发的读书会。

随着《和谐梅陇》读者越来越多，向报纸投稿的居民也日益增长。2012 年，梅陇镇在《和谐梅陇》基础上，创办了一本属于老百姓的杂志——《人文梅陇》。杂志文章要求更接地气，讲梅陇百姓生活的酸甜苦辣，绝不刊登官样文章。今年，梅陇镇决定将“笔杆子”交给社区居民和基层工作者，出版一套属于梅陇人的丛书。从一张报纸到一份期刊再到一套丛书，“梅陇”不仅是地标名，而且逐渐成长为一块文化品牌。

推"读书·写书"五年计划

首批四本《人文梅陇丛书》各具特色,《品茶的感悟》是现居梅陇的戏曲史家、文艺评论家蒋星煜所写的关于茶的散文;《鸿爪雪泥》是原《江西日报》副总编辑张炳生20世纪70年代末以来创作的50余篇短文;《体坛撷英》是原《文汇报》编辑、体育版主编李庭昆在20世纪八九十年代对一批体坛名人的采访集;《人民调解——基层工作实录》则反映普通人民调解员的故事。

72岁的张炳生在自家小区里义务讲授唐诗宋词已有8年,每周两小时,深受居民喜爱。他说:"梅陇是各种文化融汇的地方,能在这里发挥自己的一点余热,我有一种幸福感。"90多岁高龄的蒋星煜得知要出书,特地把自己之前书籍资料一页页翻出来,从资料收集、整理到出书校对都亲力亲为。

梅陇镇建立了105家调解组织,《人民调解——基层工作实录》中的文章和案例就出自这些基层人民调解员之手。

目前,《人文梅陇》新的素材已在征集,"外来媳妇和上海婆婆"、"关爱失独家庭"……一个个从各个居委会汇合而来的真人真事,有望从百姓手中编撰成一本"小巷总理"的社会工作启示录。

"文化需要长期积累,梅陇镇恰恰有这方水土的优势。"在梅陇镇党委书记杨建华看来,发挥"大家"的名人效应,能让文字、书籍、文学、文化成为基层更好的沟通桥梁。

以《人文梅陇丛书》为起点,梅陇镇将推进"读书·写书"五年行动计划,每年出版3—5本由在梅陇生活、工作、创业的个人或群体撰写的涉及文学、文化、生活、社会建设等方面的书籍,逐步形成"读书、写作、出版"的良性循环。

(本文选自2015年9月2日《解放日报》)

“三长”智慧馨传上海书展

文／春　华

2016 年上海书展，久负盛名的上海人民出版社展区，第二辑《人文梅陇丛书》引人注目。一位来自苏州的女士正在翻阅其中的《馨远梅家弄》，她看了闵行区委书记赵奇写的序言与目录，阅读了几篇文章，又看了封底条形码上的“上架建议：社区治理”后，欣然买下这本书。

“这本书，没有废话，都是真材实料，可读性强，有实用价值。”她是一个基层干部。她说，最一线的干部写基层治理最末梢的事，这样的好书不好买。

2015 年伊始，梅陇镇党委推出了“五年计划”——2015 年至 2019 年，每年编撰出版书籍 3—5 本，内容涵盖核心价值观、历史文化和社会治理，在梅陇形成“党委政府搭台、社会力量参与、人民群众唱戏”的“读书、爱书、写书”模式。当时，不少人疑惑：“读书、爱书”可以推进，“写书”谈何容易？

可是梅陇镇党委认为，经过几年的耕耘，梅陇的文化田野里已不是“一片荒芜”——《人文梅陇》杂志已长出坚实的树干，“人文梅陇微论坛”的内涵与外延都在深化与扩展。这些平台，调动了梅陇的文化资源，提升了梅陇人的文化自信，使越来越多的梅陇人由此变得有文化起来。有了这样的底气和氛围，写书、出书是“顺势而为”。

去年，《人文梅陇丛书》第一辑 4 本作品结集出版发行。反映真实生活的作品，经过编辑“嫁衣裳”的努力，打动人心是必然的。

第二辑《人文梅陇丛书》由 3 本书组成，包括集体创作的《馨远梅家弄》、刘辛培的《变革年代》和郭利民的《陇上漫忆》，其中，尤其值得一提的是《馨远梅家弄》。

这本书重点讲述梅陇镇在全区创新社会治理大背景下，做好“班长工程”，品牌化组建、多元化使用、常态化保障，最大限度挖掘党小组长、村（居）民小组长和楼组长的“三长”工作潜能的故事。

为将“读书写书与社会治理相结合”，梅陇镇专门向村、居干部发出征稿启事：面对“百姓百心”，面对错综复杂的各种社会矛盾，

2016 年上海书展依然是人头济济

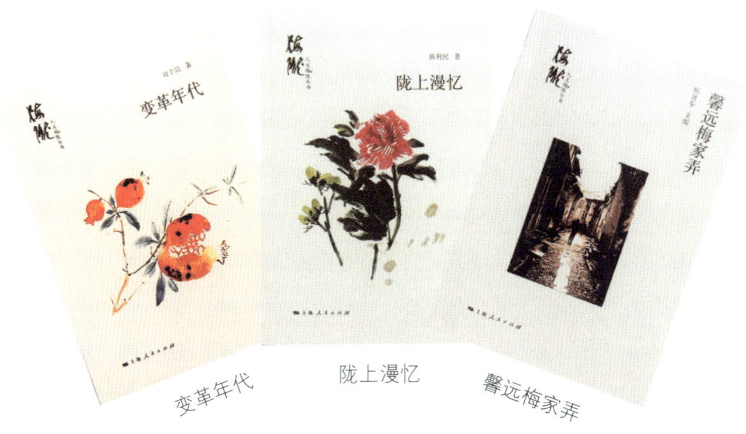

变革年代　陇上漫忆　馨远梅家弄

请大家一事一议，亮一亮治理妙招，讲一讲治理故事。

不承想，一石激起千层浪，全镇 14 个村、60 个居委会齐声呼应。毕竟都是平时做的事，讲一讲并不费事。“三长”们如何通过自己的努力，成为模范带头的“宣传员”、前端防控的“信息员”、知晓民生的“服务员”、严格评判的“监督员”、化解矛盾的“协调员”的故事，篇篇生动精彩。虽是电脑发稿，编辑的感觉还是“稿件像雪片般飞来”。

最后该书定名为《馨远梅家弄》，“馨”的含义是指散布很远的香气，“梅家弄”是梅陇旧名，其意就希望把梅陇基层治理中的点点滴滴，记录下来，传承下去。

这本书里有 78 篇文章，其作者有居、村民，有新闻志愿者，有“三长”，还有镇党委领导。

所有的文章，均从不同视角，讲述基层治理末梢的那些事，虽然都是些细枝末节、一地鸡毛，但所有这一切，都发生在梅陇，出现在梅陇人身边。这里有基层干部工作的智慧和经验，有他们的汗水和辛劳，也有梅陇人的追求和梦想。

“人文梅陇”摄影大赛获奖作品研讨会

摄影，越来越成为梅陇百姓文化生活的一个组成部分。金秋十月，是收获的季节。经过两个多月的征稿、评比、展示，行行摄摄——“人文梅陇”摄影大赛圆满结束。在第十四期“人文梅陇”微论坛上，举行了本次摄影大赛获奖作品研讨会。

摄影家的眼光总是特别独到，他们能瞬间捕捉很多精彩、有趣的画面。本次摄影比赛也是人才济济、角逐激烈、难以取舍。在321幅作品中，30幅脱颖而出，获得奖项。研讨会上，获奖者向大家展示了自己的获奖作品，并回忆起当时按下照相机快门那一瞬间的情形：

姚卫星的作品《格赛尔赛马》，是她在甘南参加少数民族赛马节时留下的珍贵作品。这幅照片拍摄出了赛马比赛时的欢乐气氛，她把马的神态和精气神拍摄得很逼真，马蹄悬空令人觉得动态十足。

叶晓露的作品《浦江之晨》，摄于徐汇滨江。她描述那天清晨特别晴朗，她早早来到滨江大道，爬上脚手架等待日出的到来。她的抓拍恰到好处，记录了太阳刚刚升起时的画面，也充分展现了天空的广阔和磅礴气势，将浦江两岸的风情尽情展现。

获奖作品，边看边议

获奖作者谈创作过程

上海摄影家协会会员、梅陇摄影班
教师蔡立辉现场点评获奖作品

摄影，是文化养老的组成部分

朱胜男的作品《九曲十八弯》，是他在新疆布鲁克草原旅游时摄下的得意之作。当时人们都在指定的摄影处拍照留念，而他另辟蹊径，找到了一个绝佳摄影位置，成就了这幅美景。作品中幅员辽阔、水草丰美、山花烂漫，让人如身临其境，不由感叹大自然的美好。

每一幅作品展示完，著名摄影家、上海摄影家协会会员蔡立辉先生都作了现场点评，他从角度、布局、照相技巧等几方面点评了这些获奖作品。他说，摄影作品的好坏关键在于摄影师的用心和灵气，每张照片的背后都蕴藏着一个故事和摄影师的态度。

本次摄影大赛历时两个月，梅陇四居、世纪苑、罗阳八居、春申景城等居委会摄影沙龙的“集体参赛”，使摄影大赛的气氛更加热烈。

镇文体中心在 11 楼展览馆对优秀作品进行了展示。

读书节，从“阅读蒋星煜”开始

文／春　华

先贤已去，遗风犹在。对蒋星煜这样一位居住在梅陇的文化大家，我们“阅读”他，是为了传承他“读书、爱书、写书”的情怀，为“书香梅陇”树立一面旗帜。

2016年5月25日下午，“阅读蒋星煜”梅陇镇首届读书节启动暨蒋星煜读书社揭牌仪式在梅陇镇文体中心举行。镇三套班子成员和群众代表共聚一堂，纪念前修，展望未来。

启动仪式不同于往常的会议，它是一场多媒体的盛宴，一次难以忘怀的纪念；它以真实感人的画面，朴实无华的访谈，拨动着每个人的心弦。

“蒋星煜读书社”是蒋星煜留给梅陇的文化遗产，而闵行区文广局局长杨继桢、梅陇镇党委书记杨建华为“蒋星煜读书社”的正式揭牌，标志着梅陇文化的承上启下。

上海电视台精心制作的纪录片《星斗其文，煜熠其人》，全景展现蒋老96年的坎坷人生和“被低估的艺术成就”（专家语），令人感慨，使人感佩。

第一位接受主持人李岚采访的嘉宾，是蒋家排行第三的公子蒋金戈。这位SMG广告经营中心的督察长、上海电视台的领导，讲的是母亲“文革”期间被迫害致死后，父亲既当爹又当娘，含辛茹苦抚育五个孩子的点点滴滴。父爱如山，叙述中的蒋金戈数度哽咽，观众无不动容。

之后，梅陇镇党委副书记陶生代表镇党委、政府向蒋金戈先生及家人送上了梅陇的一点心意——一个青花瓷瓶及一本“蒋老在梅陇”的画册；蒋金戈先生回赠了父亲一生中的最后一本著作《梅陇漫录》。

第二位访谈嘉宾是《人文梅陇》编辑刘辛培。他讲了蒋老为《人文梅陇》创刊所作的特殊贡献；讲了蒋老的勤奋——每天写作两千字，他三千万字的皇皇巨著，多达七十多部，“著作等身”，叠起来真能跟他的身高相等！这是中国文坛的一个奇迹，而对蒋星煜来说，又是一种怎样的毅力，怎样的非凡？怪不得学术界戏称他为“妖怪”，妖者，凡人难以企及也。

与此同时，蒋老又是一个幽默的老顽童，他的“真性情”令人莞尔，与刘编辑接触中发生的种种趣事，使现场观众笑声连连。

梅陇中心小学是沪上有名的“茶艺特色学校”，学校原想聘请蒋老为“茶艺顾问”，但老人的仙去留下了遗憾。活动现场，刘辛培向该校两位“小茶人”赠送了蒋老作为《人文梅陇丛书》“第一作者”的著作《品茶的感悟》。

接下来的朗诵，五位身着白衬衣、系着红绸巾的邻居阿姨，朗诵了她们爱戴的蒋老发表在《人文梅陇》上的作品：《音乐和舞蹈的魅力》——“那些天，我病了，没有去小区歌咏班听歌，但五位阿姨突然降临我家，每人为我演唱了一首我喜爱的歌曲。这音乐，和我的心跳、呼吸是一个频率……我很感动，也很快地恢复了健康……”诚挚的话语，友爱的涟漪，久久地回荡在大家的心中。

会前，杨建华（左）与蒋金戈（右）交谈

闵行区文广局局长杨继桢、梅陇镇党委书记杨建华为“蒋星煜读书社”正式揭牌

第一位接受主持人李岚（左）采访的是蒋公子蒋金戈

刘辛培讲了蒋老为《人文梅陇》创刊所作的特殊贡献

梅陇小学两位"小茶人"发表感言

梅陇镇党委副书记陶生向蒋金戈送上梅陇的一点心意

副镇长唐铮介绍了大家期待的读书节菜单

最后一位嘉宾是“临时决定上场”的镇党委书记杨建华

六位市民代表推开了象征读书节启动的“大书”

五位邻居阿姨朗诵了蒋老发表在《人文梅陇》上的作品

全场一片掌声

第三位访谈嘉宾是梅陇镇副镇长唐铮。她向大家介绍了赠阅的“吉祥三宝”，介绍了大家期待的读书节菜单：“悦读·阅分享微书评”、“那些年感动过我们的诗文诵读大赛”、“书香之家”评选、名人走进“客堂间”、“家乡情作品朗诵会”、“人文讲座：名家谈读书”、基层各读书会交流活动以及首届读书节成果展暨第二辑《人文梅陇丛书》发布会等等。

此时，大屏幕上出现了梅陇从工厂到农村，从机关到学校，从商场到居民小区，众多梅陇人对“读书”的感言。

最后一位嘉宾是“临时决定上场”的镇党委书记杨建华。蒋老去世后，他为《解放日报》写下了情真意切的怀念文字，而他今天的发言，也不是“官场文章”，而是以一个读书人的身份，向大家推荐了四本书。

最后，六位市民代表上台，一起推开了象征读书节启动的“一本大书”。这时，全场掌声雷动，一片欢腾。

附：

让阅读成为生活必需品

——杨建华同志在梅陇镇首届读书节启动暨蒋星煜读书社揭牌仪式上的讲话

今天的活动，不仅是追思蒋老先生的一个平台，也让我们学会阅读，想一想为什么要读书？读什么样的书？今天活动的主题是“读书点燃智慧，知识照耀人生”，围绕这个主题，我想把我对阅读的感想和大家一起分享。

为什么要读书

近几年，梅陇在推进城市化进程中，城市的硬件得到不断的提升。但是，打造一个高品质的城市，仅仅有硬件是不够的。在这个过程中，软件的提升，也就是软实力的增强尤为重要。而人是一个城市最核心的“软件”，特别是在转型发展的当下，用什么来提升人的精气神？我想阅读是一个很好的路径和方法。

在我和蒋老先生接触的过程中，我最大的体会是：作为一名党委书记，如何带动梅陇的干部和居民，形成爱书、看书、藏书的氛围。时间在流动，社会在变迁，我们的价值观也在不断地成长、成熟。生命是有限的，阅读的过程是一个自我实现的过程，阅读为我们打开了不同世界、不同时空的大门，领略不同的人生与智慧，可以让我们的人生更加开阔。有句台词：你连世界都没观过，哪来的世界观？可是世界那么大，我们不能都去亲身体验；而且，世界观不止依赖于“观世界”，阅读，同样可以洞察大千世界。

读什么样的书

歌德说过：读一本好书，如同和一个高尚的人在交谈。读书是最好的学习，追随圣贤的思想，是极有意义的一门科学。当然，人生有很多阶段，不同的阶段，读书搭配应有不同。这里，我冒昧地为大家推荐四本书：第一本书是《资治通鉴》，是由北宋司马光主编的一部多卷本编年体史书，历时 19 年完成。它是中国第一部编年体通史，体现了历代皇朝的执政进退和变迁。第二本书是《红楼梦》，中国古典四大名著之首，清代作家曹雪芹创作的章回体长篇小说，我们可以通过阅读这本书来洞晓世家望族的兴衰荣辱，以家庭、家族来看社会的变迁。第三本书是《平凡的世界》，是路遥的作品。前一阵子以小说改编的同名电视剧也在央视热播。这个作品反映了改革开放前后的变迁，从苦难的生活中发现人性的温暖与生活的价值。它表现的不单单是社会的变迁，还有人的思维和观点的转变。这个作品也告知我们如何去追求人生价值，如何去拼搏，如何去成就人生。第四本书是《罪与罚》。它是 19 世纪俄国的陀思妥耶夫斯基代表作之一。作品着重刻画主人公犯罪后的心理变化，揭示俄国下层人民的苦难生活。我想这四本书可以帮助我们更深层次地理解和看待在社会转型中的各种问题。

让阅读成为生活必需品

“一日不读书，胸臆无佳想。一月不读书，耳目失精爽。”不读书的民族发展没有底蕴，不读书犹如自我放弃。书应当成为我们生活中的必需品，好比空气、水、粮食、棉衣，让我们每个人一生都离不开它。读书是一种追求，一种境界。不读书的人，生活成长会受到制约。不管志得意满还是穷困潦倒，都能在书籍的世界里摆脱世俗庸常，凝住永恒哲理，找到人生的意义。所以，只有通过阅读，才能让我们感受到无穷的远方、无数的人们都和我们有关，才能感悟出生活真谛与修身的奥秘。阅读教会我们不计较得与失，也教会我们更好的审视自身。在遇到挫折和困难时，每个人都要保持黄金心态，“一张纸是苍白的，变成了页码就是知识和智慧”。我们在研判问题时，没有书籍和知识的支撑是苍白的，只有通过页码递增，来积累我们人生的追求和认知。

对阅读，我还有三点建议：首先，请职能部门思考一下如何缩短梅陇居民在阅读上的差距；第二，今天我们成立了蒋老的读书社，如何让读书社活起来，动起来，从一个变成十个，使蒋老的精神在梅陇发扬光大；第三，是否可以把“居民阅读”作为下半年或明年人大调研的课题，把梅陇居民阅读的平台融入到人大调研的平台，作一个系统的思考。

编后语：学会阅读

“最近读过什么好书？”——这个问题常令人尴尬，因为被问的人可能一年到头也没有读过几本像样的书；而刷屏，则花了不少时间——网络上胡编乱造的爆款文、心灵鸡汤，把人带入茫然与功利，使阅读偏离了原有的初衷。

因为阅读，是文化传承的途径，薪火相传的历程。从书简到缣帛，从开卷到读屏，无论介质怎样变迁，“有选择的阅读”，关乎每一个人的成长。在梅陇镇首届读书节启动仪式上，镇党委书记杨建华向大家推荐了四本书。这些书的作者，都有极高的修为，他们博观约取，让人们“观乎人文，以化成天下”，在“思接千载，视通万里”中保持思想活力，在“究天人之际，通古今之变”中得到智慧启发。

阅读如力耕，在一个众声喧哗的时代，我们的心，其实是浮躁的。而书之所在，即是诗和远方；思之所向，即是人与世界。

今天的梅陇，处在“关键一跃”的历史节点，大兴读书学习之风，意义深远。学会阅读，可以克服“本领恐慌”，补齐能力短板，扫除颓靡之气，激发创新活力。我们的时代，有大潮澎湃，也有静水深流，而阅读，能让我们在沉潜中蓄势攀升。

应《人文梅陇》编辑部的邀请，2016年7月6日，华东师范大学党委书记、哲学系终身教授童世骏在梅陇镇首届读书节之《人文梅陇微论坛》上，与梅陇镇17所学校的校长和教师一起，探讨“尊严教育”。

论坛由梅陇镇分管文教的副镇长唐铮主持，她说，今天的话题，有着很重的分量和时代感，而童教授，曾是上海社会科学院的领导，拥有众多头衔，其中既有国内教育部的学部委员，也有国外科学院的院士，但他最珍视的称呼是“老师”。教书育人，是他的本职，今天，由他来诠释这个话题十分合适。

接着，童教授的充满哲理与思辨的发言，在论坛现场引起强烈共鸣和热烈反响。梅陇的教师们纷纷提问，请教师的教师“答疑解惑”。这些互动，将论坛的思考推向前行。

闵行区委宣传部副部长邢红光、闵行区教育局局长王浩在论坛上作了高质量的交流发言。梅陇镇党委宣传委员施佩玉、党群办主任谢林殷参加了论坛。

论坛前，童世骏教授参观了获得“全国社区教育示范镇”的梅陇镇社区学校和《纽约时报》报道的梅陇镇蔷薇小学。童教授仔细地边听边记，拍下数据照片——他要将这两所学校的教学特色与经验写入他的调研课题。

童世骏梅陇谈“尊严教育”

童世骏是华东师范大学党委书记，教育部社会科学委员会委员暨哲学学部委员。应《人文梅陇》编辑部的邀请，2016 年 7 月 6 日，他在闵行区梅陇镇首届读书节之《人文梅陇微论坛》上，与梅陇镇 17 所学校的校长和教师一起，探讨如何办好“家门口的好学校”，如何做好“尊严教育”。

论坛开始，童世骏教授首先引用了他的文友、《人文梅陇》编辑刘辛培报道梅陇镇罗阳小学时的一段话：“我们努力，让学校的每一个角落都能充满教育的智慧与欢快的笑声；我们努力，让学生的每一个时刻都能享受学习的收获与成长的乐趣；我们努力，让教师的每一天都能体会职场的幸福与专业的尊严。”

就尊严与教育之间的关系，童世骏教授说，教师的首要责任是教学生如何做人。这是因为，人生最基本的三个问题是：“有何物”(having)、“做何事”(doing) 和 “成何人”(being)。在这三个问题当中，最重要也最困难的是回答“成何人”的问题。教育的最高境界，是把解决“成何人”的问题，当作最重要的任务。

其次，教师不仅要进行“爱的教育”，而且要进行“尊严教育”。

童世骏在演讲

“成何人”问题的核心，是人的尊严——在即将建成小康社会的当代中国，人民不仅要过幸福的生活，而且要过有尊严的生活；“富而教之”的核心是“富而贵之”，而这里的“贵”不是传统社会的“尊贵”，而是现代社会的“尊严”。

当代中国社会出现的许多问题，如官员腐败、老人碰瓷、学者作弊、游客出丑、路人哄抢、吸毒贩毒、大学生“精致利己主义”等，与“尊严”缺失有很大关系。

现代意义上的“人的尊严”，是指人之为人的尊严：“平等”因此特别重要。现代意义上的“人的尊严”，也是指个体之为个体的尊严：“个性”因此也相当重要。

“平等”是相对于“普遍价值”而言的，“个性”是相对于“特殊认同”而言的。“普遍价值”和“特殊认同”之间的关系，要妥善处理。

所以，“尊严教育”的最好形式，是教师通过身体力行而体现的“师道尊严”。教师的责任，是使学生对“有尊严的幸福人生”(既符

论坛现场

和参加论坛的部分人员合影

合普遍价值，又具有特殊认同的个体的“精彩人生”）不但“知之”（“理之所解”），而且“好之”（“志之所向”），并且“乐之”（“情之所享”）。

总之，教师作为个人的身体力行：要求学生做到的，自己首先做到，而且做得更好。教师作为教师的身体力行：履行“尊严教育”的责任，是一门重要学问。

童教授充满哲理与思辨的发言，在论坛现场引起强烈共鸣和热烈反响。梅陇的教师们纷纷提问，请教师的教师“答疑解惑”；这些高质量的互动，将论坛的思考推向前行。

闵行区委宣传部副部长邢红光、闵行区教育局局长王浩在论坛上作了交流发言。梅陇镇党委宣传委员施佩玉、党群办主任谢林殷等领导出席论坛。

论坛之前，童世骏教授参观了获得“全国社区教育示范镇”的梅陇镇社区学校和受到美国专栏作家弗里德曼高度赞誉的梅陇镇蔷薇小学。童教授仔细地边听边记，拍下数据照片——他要将这两所学校的教学特色与经验写入他的调研课题。

附：

教师的一大责任是“尊严教育”

——童世骏在《人文梅陇微论坛》上的讲演

非常荣幸有这样一个机会，跟梅陇的老师们作一次汇报与交流。刚才去参观了梅陇镇文体中心和蔷薇小学，实在是开了眼界。我们都说中国社会发生着重大进步，但问到底有哪些进步，我们会特别

观看梅陇镇社区学校教师介绍

参观蔷薇小学

参观梅陇镇图书馆

关注国家发生了什么，北京发生了什么，高校发生了什么。其实，很多非常重要的进步发生在基层，发生在社区，发生在中小学。蔷薇小学因为《纽约时报》的报道已经在国外颇有名气，但我觉得我的学生们甚至同事们更应该好好了解。

来这里之前，我还读了几篇刘辛培同志发给我的介绍梅陇学校的文章。辛培是我 40 年前，在当时的市委写作班工人理论学习小组的同学。我有时候会吹吹自己的经历，其中最夸张的是我 17 岁的时候在上海电视台讲哲学，就是跟辛培一起讲。我们两人一小组，准备一个讲座。他带着我，他比我大，他也比我学得好，做得好。4 个半月后我回崇明农场，他就留在市委写作班。非常感慨，一下子 40 年过去了，但我们做的基本上还是文化和教育工作。我们自豪，见证了国家这些年来的发展。

辛培给我发的文章中有一篇介绍罗阳小学，文中这样一段话与我今天讲的主题有关："我们努力，让学校的每一个角落都能充满教育的智慧与欢快的笑声；我们努力，让学生的每一个时刻都能享受学习的收获与成长的乐趣；我们努力，让教师的每一天都能体会职场的幸福与专业的尊严。"

下面我讲的都是一些大白话大道理，但是我希望融入我的体会和理解。

教育的最高境界是回答"成何人"的问题

教师最重要的任务是什么？估计都会赞成："让学生学会做人"。"做人"确实是人生最重要的问题，但却容易被其他问题遮蔽。在任何民族的语言中，大概都有三个最基本的动词，由此构成人生三个最基本的问题："有何物"(having)、"做何事"(doing) 和"成何人"

(being)。有一本书叫“To Have Or To Be”，中文译成《占有还是生存》，讲在我们这个工业化的、现代化的社会中，人们更多的关心是“To Have”，就是“拥有”，要拥有更多的财富、更多的消费品。拥有得越多，消费得越多，你就越“重要”，越“幸福”。但在此过程中，往往会丢失人之为人的最根本——人所承担的那些责任，人所具有的那些品质，人的生活所具有的那些意义。此书的作者让我们回顾中国先秦哲人老子的名言：“道常无为而无不为”；让我们回顾德国十三世纪哲人埃克哈特的名言：“人不必总去想应该做些什么，他应该更多地去思考自己是什么？”尤其让我们回顾马克思所言：“资本主义的最大问题，是财富越多，人性异化越严重。”

“成何人”，通常来说是指人的全面发展。但实际上，我们往往把重点放在灌输知识上，把学生的脑袋当成一个容器，以让他毕业以后有更多的本领去赚更多的钱，也就是把“有”或“having”当作最重要的事情。这样做，本身没有错，但如果停留在这个阶段，就有问题了。最近有传闻，说美国的名牌大学不愿意招太多中国学生，因为他们发现，中国学生尽管非常优秀，但他们毕业以后往往不愿意从事科学研究，而希望去保险公司、华尔街等赚钱多的地方。

比起只顾灌输知识、培养赚钱能力的教育，那种重视培养能力和规范行为的教育，境界要高一些。现在中国人都知道，美国名校不仅不喜欢发财迷，而且也不喜欢书呆子；他们希望学生有学习以外的兴趣、特长和经历，如积极参加社团活动，在科学竞赛中拿奖，热心慈善公益活动等等。对这些大学来说，更重要的是“做何事”。我国现在的自主招生、综合评价，也把“做何事”放到更加重要的位置上，这是一个很大的进步。但是，如果学生参加这些活动、掌握种种能力，仅仅是为了申请书能写得好看一些，仅仅是为了积累一些社会资本，就仍然没有达到教育应该有的境界。

“成何人”的问题包含两个方面。其一是人之为人的文化价值。当一个人被骂作“衣冠禽兽”时，这个人虽然具有人之为人的生理特征，但缺少人之为人的文化价值。

其二，人类区别于其他物种的一个最大特点，就是人类的每个个体，都是与众不同的。童话里常用动物的种类去表达某一种性格、某一种品德，比如小兔子怎么怎么，大黑狼怎么怎么；讲这种故事时，我们并不关心动物的个体，而只把某一类动物当作某种象征。但人就不同了，尤其在现代社会，我们连“撞衫”也不那么乐意。现代社会，我们都不愿意做一个完全没有个性特点的人，家长和老师都不希望孩子“没有独特认同”。

因此，只有既掌握了普遍价值，又形成了特殊认同的人，才是名副其实地“成人”，一个长大了的人。说一个没有掌握普遍价值的人是“衣冠禽兽”，说一个没有形成特殊认同的人是“人形木偶”，都可能有点言重，但说两者都不具有我今天要说的主题大概是可以的，这个主题就是两个字：尊严。

解决“成何人”的关键是重视“尊严教育”

尊严，我从“目标”和“问题”两个角度来说。

就“目标”而言，中国革命之所以能吸引这么多优秀分子加入，是把“劳动人民当家作主”、过“人的生活”作为号召。据汉学家裴宜理研究，当年安源煤矿工人运动之所以发展比较好，毛泽东、刘少奇、李立三都去了，而李立三提出的一个口号起到了特别重要的作用：“从前做牛马，如今要做人！”用“翻身解放”、“当家作主”来动员群众、吸引青年，这是中国革命能够成功的一个大的背景。

闵行区教育局局长王浩交流发言

学校领导都有话说

《人文梅陇》编辑刘辛培提问

现场气氛热烈

闵行区委宣传部副部长邢红光交流发言

我们今天要让人人都能有一个习近平总书记所说的“精彩人生”。“精彩人生”是“幸福人生”，同时也是“尊严人生”，或者说，是把“尊严人生”作为重要内涵的“幸福人生”。

就“问题”而言，今天的官员腐败、学者作弊、明星吸毒、老人碰瓷、游客出丑、路人哄抢、企业造假、骗子诈捐诈保诈汇、大学生“精致利己主义”等等，归结为一点：就是当事人尊严意识的缺失。腐败官员在电视镜头前痛哭流涕，哭诉自己不懂法，忘记了党的宗旨，但某某官员被抓之前还在会上振振有词大谈宗旨理想，他怎么会“忘记”宗旨理想？想象一下，如果第一次有人拿钱来收买他时，他就觉得这是对他不可容忍的人格侮辱，那就不会有第二次！那些偷偷在楼道里乱扔垃圾的住户，那些眼看无人监督就乱闯红灯者，那些在自助餐馆浪费食物或带出食物的出国游客，有多少人是因为金钱太少、不知道相关规定、生活过不下去了，才做这些不体面的事情？从“做何事”的角度看，这些事情不算大的错事；从“有何物”的角度看，这些人得到的不是大的好处；但在做这些事情、得到那些便宜的时候，他们其实有意无意地降低了“成何人”的问题的分量，忽视了“做一个有尊严的人”的要求在他们人生中应有的位置。

因此，无论从追求“精彩人生”的目标着眼，还是从消除社会问题的根源着眼，都要求我们在教育当中更加重视“尊严”这个价值。走出普遍贫困之后，“富而教之”的最重要任务是“教而贵之”，通过教育来培养人的尊严意识，培养学生尊重自己和尊重别人的意愿和能力，从而提升整个中华民族的“尊严高度”。在已经解决了“挨打”和“挨饿”问题，但还没有解决“挨骂”问题的今天，我们只有从孩子们的教育开始，才能更有效地抵制敌人的恶意，化解外人的误解，避免朋友的失望。我们不仅要加强“知识教育”和“爱的教育”，更要加强“尊严教育”。

“尊严教育”的内容

尊严教育是“平等的教育”。现代社会和传统社会最大的区别在于“平等”成为社会的主流价值，现代社会的“尊严”概念因此是以平等而不是以等级、特权作为核心内涵的。以为人际关系不是以我为主就是以你为主，以为一个人不是做主子就只能做奴才，以为只有在一个前呼后拥、前倨后恭的人群当中，才算得上有尊严，那都是对“尊严”的根本误解。

尊严教育也是“权利的教育”。维护基本权利是确保人的尊严的外在条件——若没有蔷薇小学为外来务工人员子女提供基础教育，那些孩子们的尊严，他们家庭的尊严，就无法充分实现。

尊严教育又是“责任的教育”。我不赞成说“没有义务就没有权利”，因为儿童虽然没有多少义务，但他们也有权利。“动物权利”更是这样。但对成年人来说，权利和义务（或责任）应该是对称的。学会长大成人，就是学会遵纪守法，学会承担责任。孩子在学校里因为违反纪律而受到批评以后，有些家长会因此对学校和老师非常抵触，这会妨碍孩子逐步形成有尊严的成熟人格。

责任与尊严的关系还可以从另一个角度来看。校长们经常会表扬“爱岗敬业”的同事，批评不爱岗敬业的同事。但其实，在“不爱岗敬业”的人当中，有的是“爱岗不敬业”，有的是“敬业不爱岗”，有的是“既不爱岗也不敬业”。其中，“敬业不爱岗”的人，或许是我们非但不应该批评、而且应该敬重的。想象这样一位同事，他虽然不喜欢自己的岗位，但依然兢兢业业，忠于职守，保质保量地完成每一项工作任务，这样的人是不是也值得我们钦佩呢？在我们的集体中，不是每个人都能有称心如意的岗位，在“不如意”的岗位上克服个人的偏好，理解集体的目标，认认真真地负起责任，就是一个人的尊严。同时，领导也要对这样的同志予以特别关心，尽可能从岗位的设置、人员的安排和工作条件的创造等环节，让尽可能多的同事们在“敬业”的同时也能够“爱岗”，把幸福和尊严统一起来。

尊严教育也是个性的教育。要让学生在学会遵守普遍法则的同时，充分发挥自己的个性特点，用好自己的个性自由，并且在发扬自己个性时，尊重别人的个性。网上热传台湾一位校长的演讲，他主张在“天下兴亡”后面接着说“我的责任”而不是“匹夫有责”，因为“匹夫”的责任只有落实到每一个“我”的责任，才不是一句空话；他接着教导学生，身为中国人应该吃中国饭、穿中国衣，这也很好，但他用来论证这个要求的理由，则有点问题：他说他曾对请他吃西餐的西方人说：“请给我拿筷子来！”因为“筷子是文明的象征，而你们的刀是野蛮标志，所以我不用”。在学生们面前慎重其事地以这种方式来说明筷子和刀叉的区别，无助于教导学生把尊重自己的个性与尊重别人的个性很好地结合起来。

尊严教育的形式

孔夫子说：“知之者不如好之者，好之者不如乐之者。”在我看来，尊严教育的任务，就是要使学生对人的尊严，对既符合普遍价值，又具有特殊认同的个体的“精彩人生”，不但“知之”，得到“理之所解”，而且“好之”，树立“志之所向”，并且“乐之”，获得“情之所享”。为了让学生“知之”，教师要把相关的道理传授给学生；

而为了让学生“好之”甚至“乐之”，仅仅讲道理就不够了，最好的办法是把“讲道理”与“讲故事”结合起来，道理越深刻，故事就要讲得越生动。对学生来说，最生动的故事，莫过于朝夕相处的老师们在他们面前的举手投足、一言一行。所以，“尊严教育”的最好方式，是通过教师的“身体力行”来体现“师道尊严”。

所谓“师道尊严”，先有“师道”，后有“尊严”；而只有不仅表达在言语中，而且体现在行动中的，才是真正意义上的“师道”。教师的工作，就像医生、律师乃至不仅需要知识，而且需要技艺；不仅需要理智，而且需要情感的一切其他工作，其价值和标准、方法和程序、技巧和艺术，是无法完全用语言来表达的，是“言不尽意”、“只可意会不可言传”的“默会知识”。师范生的教育实习之所以那么重要，青年教师由老教师带教之所以重要，就是因为默会知识是只能用“不言之教”来传授的。

即使是用语言来表达“师道”，表达的内容也往往在表达的方式中，而不仅仅在表达的字句当中。老师对学生说：“这本参考书特别好。”他的意思可以是解释“我为什么要用这本书教你们”，也可能是表示“你们用了这本书，我课堂上就不用多讲了”，也可以是在向学生推销这本书。到底是什么意思，仅仅从这句话本身还无法判断清楚，而必须结合师生之间的日常互动；只有在这些互动当中，学生对教师的理解和信任才能形成。最容易妨碍学生形成尊师之心和自尊之心的，莫过于教师用“说话的方式”来否定自己“说话的内容”，比如用粗鲁的口吻教育孩子“要有礼貌”，用漫不经心的语气表达对学生的关心，带着犹疑的眼神要求学生“坦诚”，表扬同学的时候却说错他们的名字……这种矛盾，就像一个孩子躲在屋里，外面有人敲门：“屋里有人吗？”孩子回答：“屋里没有人！”

从这个角度说，尊严教育不仅是“良心活”——在目前的管理体系中，大概还没有办法考核，而且是“技术活”——什么样的尊严教育是名副其实、行之有效的，什么样的尊严教育是徒有其名的，甚至是事与愿违的，是一个需要好好研究和探索的大课题。

比方说，中国教育的最佳传统是既讲“有教无类”，又讲“因材施教”，两者如何统一，在知识教育领域已经有了大量探索成果，但这两个原则的统一如何实现于尊严教育，还有待于好好探索。我有一个印象，我们的老师们太容易对班上同学进行能力、成绩和品格方面的比较，而且太容易用某种标签把这种比较结果等级化、固定化。要理解这种情况，还可以从我说起。我有一对双胞胎女儿，她们从小到大，不知道被人问过多少次“谁是老大？谁是老二？”我以为这是天经地义的事情，但上个月我在比利时，布鲁塞尔自由大学哲学系主任在闲聊时告诉我，比利时人对双胞胎从来不会问这样的问题——双胞胎，顾名思义就不像普通的兄弟姐妹，是没有老大老二之分的。中国人这样一种连双胞胎也要区别“老大老二”的思维习惯，在培养以“平等”和“个性”作为核心价值的“尊严”意识当中起什么作用，也需要研究。

又比方说，现在每到毕业季，各个学校的校长都要用最大努力做一个最精彩的致辞，以表达学校对毕业生们的祝愿和嘱托。但毕业典礼上传达给学生的最重要信息，或者说学校在这个场合给学生留下的最深刻印象，或许不是校长“说什么”，而是校长“怎么说”；不是毕业典礼有哪些内容，而是毕业典礼用什么形式。比如教导学生“感恩”的最好方式，可能并不是教师代表在发言时要求同学们“感恩”、“感恩”、“再感恩”，而是让同学们亲眼目睹他们的老师们、校长们是如何表达对前辈和社会的“感恩”。

尊严教育是一个系统工程，从招生分班、教材教法到遣词造句、肢体语言，都要体现对孩子们的尊重。在我看来，在这个系统工程当中，具有核心意义的是“理性教育”：上面所说的现代意义上的“尊严”概念所包含的那些要素，普遍价值和特殊认同，平等和个性，权利和责任，等等，都可以归结在一个概念之下，那就是“讲理”：知识就是力量，讲理才有尊严。为了实现尊严教育的这个核心理念，老师们要以自己的实际行动带着同学们“乐于讲理”，而不是“蛮不讲理”；“善于讲理”，而不是“强词夺理”；“敬于讲理”，而不是“言不由衷”。

（讲演者系华东师范大学党委书记，教育部社会科学委员会委员暨哲学学部委员）

我们都是大写的人

文／春　玲

不久前，《人文梅陇》杂志召开了“热心读者座谈会”。50位读者争相发言，伴随杂志的成长，他们畅谈人文精神，感知人文力量——不少身边人的动人故事拨动了大家的心弦——当主持人介绍刊物的几位“百姓作者”，如何倾注自己的情感，将自己和家庭的人文故事呈现给读者时，全场发出声声惊呼与赞叹。

“我们都是大写的人”，这是读者的共同心声。望族苑居民李文青写了《父亲是资方代理人》，她动情地、几度哽咽地讲到“曾经被扫到历史角落里”的父亲，终于在《人文梅陇》杂志上找到了做人的尊严……《我是林场筑路工》的作者魏守荣情之所至，朗诵了《昨夜激情难眠》这首为《人文梅陇》创作的赞美诗……

读者们谈到，《人文梅陇》的“有效读者”众多，梅陇镇很多村、企事业单位和居委会的读书小组都将杂志作为首选读物，一本杂志的传阅量很大；镇图书馆免费取阅的《人文梅陇》越来越供不应求，常被“一抢而空”；紫藤一村老党员时文龙保存着《人文梅陇》的每一期杂志，眼神不济的他要花三四天的时间看完杂志——

热心读者纷纷发言

全神贯注

曾任厂报《新华印刷》编辑的徐隽萼谈她如何用一串历史的照片展示“一生与爱相伴”

“群众演员”颜大鉴谈创作

罗阳六居居民胡晓敏的发言情真意切

老记者贾荣如今是《人文梅陇》的骨干作者

年轻的发言者是“淮海公园前世今生”的作者

梅陇镇招商中心员工裴丽萍谈杂志的“生活性”

《和谐梅陇报》编辑于丽娜提建议

写稿“积极分子”张遴隆谈写作构思

老党员时文龙展示他保存的《人文梅陇》创刊号

魏守荣情之所至，朗诵了《昨夜激情难眠》而为《人文梅陇》创作的赞美诗

明天就要去美国探亲了，今天一定要来谈谈体会

闵行区人大代表冯纪祥是《我画汽车50年》的作者

莘庄镇居民奚志方讲述“与苏联小朋友通信”

其中的感人故事，他娓娓道来，如数家珍。

座谈会上，如何继续办好杂志，深化《人文梅陇》，读者们各抒己见，发表了很好的意见。

“金老师，您写作中的素材都从哪里来?”“金老师，您说写作不神秘，那投稿有没有技巧?”“金老师，我的写作遇到了瓶颈……”台下观众踊跃提问，台上嘉宾幽默而风趣地回答，这是第十一期“人文梅陇微论坛”的现场。

2015年6月4日下午，“人文梅陇微论坛”请来了草根作家金洪远，他讲述了写作路上的酸甜苦辣。金洪远从爱好文学开始，一步步走上了写作之路。他的创作之路最初也是“失败累累”，但凭着对写作的喜爱和执著，认真观察生活，用生活化的语言打动了读者。他擅长写老百姓身边的故事，获得新民晚报优秀通讯员、优秀作者的称号。他在《人文梅陇》上发表的《邻居伯伯赵超构》、《飞翔的花》、《珍贵签名本》等文章都获得了较好的反响。

金老师的创作之路离我们并不远，写作爱好者们也跃跃欲试起来。活动最后，一位热心读者当场替她的孙女作者读了对杂志的感谢信。

本次论坛还对上半年《人文梅陇》优秀作品进行了点评和颁奖，50位作者、读者参加了论坛。

自产自销“豆腐干”

文 / 金洪远

《人文梅陇》编辑为我出了一个和大家交流的好题目：“写作并不神秘。”于我而言，在这个讲坛上，觉得有很多心里话可以和文友诉说。

我是67届初中生，各方面属于“一穷二白”。刚进厂时，和当时许多小青年一样，我学诗写诗做着“诗人”梦。诗写了多少，退

金洪远侃侃而谈

稿就多少，是同事眼里的退稿“大户”。一次有位下放的大学生问我：小金，你知道“诗”是什么吗？讲心里话，我真的说不出个道道来。大学生告诉我，诗是语言的艺术。你基础差，怎么可以一步登天啊。

有人说编辑是作者的良师益友，这确实是过来人的经验之谈。我很幸运遇到了一位好编辑——谢泉铭老师。那年，那个雨夜，我至今难忘。那天，我从上海图书馆出来，怀揣着绞尽脑汁的四首诗，冒着雨前往《解放日报》社。当时打算将习作交给门卫就打道回府，可那位胖胖的门卫说：“老谢还在办公呢，你可以当面听听他的指点啊。”我没有想到，晚上八时多了，谢老师还在工作，我也没有想到有这样热心的门卫师傅。我是第一次面见谢老师。我惴惴不安地递上习作，他一边看，一边轻轻地读：“千家万户春联红，笔迹不同音相同，东风一路念出声，幸福全靠毛泽东。”告诉我这首小诗可用，但诗中的“念”字太平，请我回去好好推敲，动动脑筋。这天晚上，谢老师还仔细点评了我其他三首诗，认为缺少“特色”。这是我在诗歌大门徘徊最为得益的一次，与君一席谈，胜读十年书，这一晚我“进步”了！

一周后的一个晚上，我如约到报社，谢老师看了我修改的诗作，笑了。不谋而合，他伸出手，手心里也用钢笔写的一个“笑”字。他说，这个“笑”字很“传神”，是“诗眼”，一字到位，全篇皆活。那一晚，我又“进步”了！

我和刘辛培老师素昧平生，但我从他编撰的《人文梅陇》里看到了编辑的功力——刊登在杂志上的文章，篇篇精彩，难能可贵！如果是市级刊物，这并不稀奇，但一个镇级刊物能办到这个分上，组稿改稿不知凝聚了编辑的多少心血和汗水。按我的判断力，我想

论坛上笑声阵阵

论坛现场

新作者提问

这位编辑肯定是和谢老师一样有“水平”的。在一次聚会上，郭老师介绍刘老师是“韬奋新闻奖获得者，是《现代家庭》的资深编辑”等。怪不得，有好编辑把关，刊物的质量和作者的质量不进步也难！好编辑是良师益友，是习作者的幸运和福气！

习作者大都对自己的作品情有独钟，这不难理解。投了几次稿没被采用，往往会找编辑的“原因”，其实，好的编辑看到好稿，会“漫卷诗书喜欲狂”的。按我的肤浅体会，“三心”很要紧：

首先是“用心”。既然喜欢写作，就要心无旁骛，因为写作路上，没有任何捷径可走，一分耕耘，一分收获；其次是要找准自己的“位置”，就像当下年轻的职场者自我规划一样，你是适合写小说还是散文或是诗歌，要结合自身条件来定夺，这样才能扬长补短，少走弯路，取得最大的功效。有不少读者认为我的豆腐干文章接“地气”，有“幽默感”，因为结合了自身的特点，才会得到编者和读者的首肯。比如，我在《解放日报》和《新民晚报》等报刊上的“豆腐干”文章《拎拎菜篮头》《赶潮头》《三种生活》《五种日子》《理财人士》等，因为“适销对路”，极易被编者采用。

第二个是“上心”。俗话说，处处留心皆学问。我们都有亲朋好友，同事邻居，如果有心，他们讲的故事和鲜活的语言都是我们“拿来”的养料。我的“三种生活”的素材是和老友在旅游中汲取的；我的“白斩鸡吃得起，难道酱油买不起”，“思想是孙子，计划是儿子，行动才是老子”等来自生活底层的生动语言，在和朋友闲聊中顺手拈来，给文章增色不少，会给编辑和读者眼前一亮的感觉。三人行必有我师，我信。多学习，多交流，才能触类旁通，收到意想不到的效果。

第三个是“悟心”。因为前述的两个“心”，悟心自然说来就来，能看到旁人看不到的“东西”，听出旁人忽略的故事。比如，多伦路文化街有不少名人雕塑，其中有一鲁迅先生和丁玲女士交谈场景的塑像。遗憾的是，塑像中丁玲的“笔”被人窃走了。游览中，我敏感此“笔”有文章可做，当即回家写了一篇“丁玲的笔飞了”的言论，第二天就被新民晚报刊用，受到编辑和读者的好评；另一篇“一声提醒暖人心”，也是我在居委看到居委干部为新上海人“办居住证”时的提醒有感而发。因为角度新颖，有“普遍”意义，被《新华每日电讯》采用，还接到编辑先生从北京打来的鼓励电话。

这次和文友互动交流，让我受益匪浅。可以这样说，许多文友文化程度比我高，阅历比我深，我能行，你们肯定比我行！写作并不神秘，只要有“三心”，我自产自销的“豆腐干”文章便能“购销两旺”。平民视角，平实语言，也算是我行文的一个特色。不少读者读了我的金氏豆腐干文章会心一笑：“这个朋友写得蛮有趣味蛮有意思。”这就是对我最大的褒奖。业余写作给我平凡生活带来一点小小的色彩和成就感，可以这样说，年龄和基础不是问题，只要有开始，总还是来得及的。

“我不去想，是否能够成功，既然选择了远方，便只顾风雨兼程。我不去想，能否赢得爱情，既然钟情于玫瑰，就勇敢地吐露真诚。我不去想，身后会不会袭来寒风冷雨，既然目标是地平线，留给世界的只能是背影。我不去想，未来是平坦还是泥泞，只要热爱生命，一切，都在意料之中。”我借这首藏在心中的已故诗人汪国真的诗歌和大家共勉。

上海航宇科普中心坐落在梅陇镇，是我镇区域党建联盟的第一批成员单位。根据区域化党建“资源共享、活动共办”的设想，梅陇镇党建服务中心联手“人文梅陇微论坛”，请来该中心的徐敏伟老师，在梅陇中学开讲——

圆梦大飞机

随着红色帷幕的拉开，我国自主研制的C919大型客机露出真容——它的研制历经七个年头，其间攻坚克难、质疑不断，但也实现了从无到有的无数个第一。

大飞机，让人唏嘘不已

中国的民航工业之路让人心酸。1980年，倾全国之力研制的运10飞机在上海首飞上天，使中国一举成为世界上第5个研制出100吨级大型客机的国家。运10机型与波音707大致相当，但它一出生，就属落后机型。

是否继续研制，民航用户的意见最关键。而民航总局认为，运10有不少重大技术问题有待解决。

在运10飞机争议是否下马时，美国麦道公司发出邀请：他们的

徐敏伟生动的演讲引发听众强烈共鸣

飞机，请中国来组装。1985 年，我们与麦道公司签订了组装 35 架麦道飞机的合同。可后来的 9 年中，中国只引进了一些装配和管理技术，并没有得到核心技术。

更想不到风云突变。1996 年底，波音兼并麦道，随即宣布不再生产与中国合作的机型。而这时，中国装配飞机的原材料已采购入库，这直接造成中方 5 亿美元的损失。

从 1985 年到 1998 年，中国航空工业希望借外部力量而振兴的努力就此中止，损失了大量资金不说，十几年的心血也付诸东流。

这时，中国民机研制工作停了，队伍散了，成果丢了。曾总装过运 10 飞机、麦道飞机的上海飞机制造厂，承揽的竟是乡镇企业的零活——造飞机的工人们靠这个维持生计。

钱，不能都被外国人赚去

有言道，造导弹是“穷人工业”，而造大飞机是“富人工

论坛现场

我国自产的大飞机模型

业”，没有一流的技术，没有雄厚的工业基础与资金，想造大飞机？没门！

我国现有大型客机2000多架，几乎完全被“波音”和“空客”两家外国公司垄断，一架1.5亿美元的波音747，给波音公司带来的利润是3000万美元。中国工人辛辛苦苦，用做8亿件衬衫赚来的钱，买一架波音飞机。

“造不如买，买不如租”的时代将永远成为历史。截至目前，C919已经收到了来自21个客户的517架订单，其中有国内七家航空公司以及德国和泰国的航空公司。若订单全部交付，我国将获得257亿美元的收入。

与此同时，大飞机也推动了材料工业的革命。如今造客机的材料，61%用的是碳纤维，而铝和钢只占20%和8%。飞机体重越轻，耗油越少，商业价值即市场竞争力也越高。

高铁频频“出海”后，大飞机使中国高端制造业迎来新的支柱。C919总销量有望达到2000架次，其产业链上的研制公司和设备配套公司都能从庞大的市场中分到可观的利润。

商业成功才是真的成功

都说，大国重器买不来。那么，C919是完全的“国产”飞机吗？

不是的。C919建立了“主制造商—供应商”模式，即举全国之力，聚全球之智，与国内外供应商协同制造。

这一模式引起公众质疑。关键设备靠进口，C919能否称得上中国制造？中国大飞机何时才能装上中国心？

需要说明的是，虽然系统供应商是国外的，但飞机设计是我们自己的，供应商需要按照我们的设计要求提供产品。

事实上，当下飞机制造商均采用“主制造商—供应商”模式，以此分摊项目研制费用和风险。C919 的很多供应商也是波音、空客的供应商。波音飞机，就有 65% 的零部件在波音以外的地方采购。一架波音 747 飞机，由多达 450 万个零件紧密地组合而成——把各个零部件在同一时间，从世界各地集中到一起并拼成飞行器，这比让飞机飞行更加困难。波音的核心竞争力，就是具备“集成”的能力，包括将技术、设计融为一体，这是别人很难仿制且不能照搬的。

C919 现在达到 30% 的国产化率实属不易。飞机的许多关键技术如材料、传感器、液压系统、控制系统、机载设备、通讯雷达等，我们至少需要十年的研发时间。如今，我国有 22 个省市、200 多家企业、36 所高校、数十万产业人员参与了大型客机的研制。有钱可赚，大飞机的研制，也会得到社会资本的大力支持。

飞机运行初期是故障多发期，加上用户对新机型尚未建立充分的信任，新机型很容易在这一时期“夭折”。所以，C919 要做到“更安全，更经济，更舒适”，必须首先考虑飞机的商业成功。

可不管怎么说，C919 大型客机具有完全自主知识产权——研制人员规划了 102 项关键技术攻关，包括发动机一体化设计、电传飞控系统控制律设计等。因此，C919 的确是一个全新的、值得信赖的大飞机。

在梅陇镇总工会、党群办共同主办的“责任在我心，诚信伴我行”梅陇镇职业道德演讲比赛中，梅陇镇图书馆管理员朱丽焉，将身边发生的事，娓娓道来，打动了观众的心。她演讲的题目是——

流浪汉走进图书馆

文／朱丽焉

朋友，你见过流浪汉吗？你和他们交谈过吗？或许你会问，我一个图书管理员，怎么会提起流浪汉？这话要从2009年说起。

作者在工作岗位

一个酷暑难当的下午，一位蓬头垢面的流浪汉，拖着疲惫的双腿，走进了清凉的图书馆。他放下一包脏兮兮的可乐瓶，拿了一份报纸，怯怯地找了一个座位，两手捧住斑驳龌龊的头，用布满血丝的眼看起报来。

立即，读者中传来窸窸窣窣的议论声：“这种垃圾瘪三怎

流浪汉

么能进来？”终于，有读者按捺不住提出抗议。馆长袁惠华知道此事后态度明确地说：“图书馆的大门，向所有人开放。这‘所有人’，应该包括流浪汉、拾荒者。一个自食其力的人，我们有什么理由拒绝他？”

馆长一席话，引出了我们管理员关于“图书馆社会责任”的讨论，并形成了“包容”的共识。于是，我和同事们有的替他把包放好，有的向那些排斥他的读者耐心解释、劝导。管理员老何带流浪汉去洗手，他赶紧把手洗干净，还在水龙头前抹了把脸。老何又善意地对他说：“明天来，能否换件衣服？图书馆是公共场所，你不能影响别人啊。”第二天，流浪汉果真换上了不合身却还算干净的上衣。

那天，换上了干净衣服的流浪汉，居然“腼腆”地给了我一个微笑。当然，我立即予以回应——我知道，我们的笑都发自内心。

慢慢地，我们了解了流浪汉的身世：他从新疆回沪，户口虽在图书馆附近的鸿福新村却有家难回——一场糟糕的婚姻弄得他一无所有，他只得四处栖身，拾荒度日。听着他的故事，有读者主动给他递水，也有人仗义地为他的窘困生活出谋划策。后来，馆长袁惠华与居委会进行了沟通，在各方努力下，流浪汉终于住进了养老院。

“杭州图书馆允许乞丐进入”的新闻曾引起全国范围的大讨论，而梅陇镇图书馆早在三年前已用它的行动诠释了这一命题。因为，一个好的图书馆，并不简单地取决于它的硬件，更取决于它向大众的开放和文明程度。

联合国教科文组织颁布的《公共图书馆宣言》中说道：每一个人都有平等享受公共图书馆服务的权利，而不受年龄、种族、性别、宗教信仰、国籍、语言或社会地位的限制。所以，我们有理由相信：公共图书馆是“民主社会的保障”！

阿根廷诗人博尔赫斯说：“我心中暗暗猜想，天堂就是图书馆的模样。”想着每天能在这样的“天堂”里为每一位可爱的读者提供帮助——我为我的社会责任而自豪，我为我们的梅陇图书馆而自豪！

诗人，从嘉陵江走来

文／薛鲁光

这又是魏守荣一个忙碌的日子。上午，他来到闵行群艺馆，为古美旗袍沙龙的演出跑前跑后，叮嘱捧场。下午，他来到“人文梅陇微论坛”，和文友相聚。他一如既往的率真，一如既往的诗人本色，一如既往的热情似火。握手的当儿，金洪远表扬他：“老魏啊，你的手劲很大，身体好啊。”老魏刚到古稀，他告诉洪远，自己的身体器官在安全运行，心脏、肝、肺等体检都合格。望着老友红润的面容，洪远从心里为他祝福。傍晚，几个古美街道的新闻志愿者相邀在莘庄的一家餐馆小聚，5时许，老魏快走到饭店时，一不留神摔了一跤，竟就此与世长辞！

老魏爱好摄影

晚上，我打电话给老魏，这是我俩约定俗成的闲聊时间，没

老魏夫妇在女儿婚礼上

料到接电话的是老魏的女儿魏虹，她告诉了我她父亲的噩耗，马上，悲痛就笼罩了整个闵行作协、闵行诗人的微信群，大家纷纷写下文字，悼念这位淳朴、勤奋的诗人。

新闻志愿者召开了魏守荣同志追思会，会上，我在谈到与老魏相拥携手文学创作的十余个年华时，感慨至极：

“他年长我十岁，淳朴、好客、执着，说着一口抑扬顿挫的四川话。我介绍他参加海上诗社，他介绍我参加新闻志愿者沙龙。我演小品，他总乐此不疲地来捧场。闲聊中，老魏得知我想加入作家协会，便主动提出帮我联系他的学生、《金沙江文艺》的编辑张某。他三番五次去电话，要他帮我这个忙。言谈中，他比做自己的事都积极，感动得我暗暗掉下热泪。”

老魏很讲朋友情谊，逢年过节，总是提醒我给提供帮助的朋友送上谢谢。是啊，滴水之恩，当涌泉相报。我和他出游过三次，一次野生动物园、一次南京、一次奉贤。每次我俩都聊得很投机。记得在野生动物园看动物表演，海狮顶皮球时的憨态，让不苟言笑的

作者薛鲁光（右）与老魏（中）

老魏哈哈大笑……

我在曹行中学任教，主持文学社，想邀请他为中学生作一个“我如何走上文学创作之路”的报告，他一口应允。记得那天天热，他一踏上讲台，汗就出来了。他拿出手绢，不停地擦汗，但面对小朋友侃侃而谈，从嘉陵江的艄公、吊脚楼到云南林场一望无际的杉树、钻天松，谈林业工人天当房地当床、手持钻具伐木的辛苦；谈自己写作歌颂劳动者时的兴奋；谈拿到散发油墨香的样报样刊时的喜悦。他勉励小朋友，文学创作是高尚的精神劳动，只有勤奋的攀缘者，才有希望到达光辉的顶点。坐在下面，我听他的四川话格外亲切，好像第一次认识眼前这位朋友，这位谈到文学就神采飞扬的朋友。

老魏的骨灰将安葬在出生地嘉陵江畔。嘉陵江、黄浦江，都是扬子江的兄弟，兄弟之情情同手足，文友之谊山高水长。老魏，安息吧，但愿这篇小文能化作一束浪花，轻抚你慈祥的面颊——老魏啊，我们永远怀念你！

爱情与生死

文／刘辛培

骨架坚实的魏守荣，第一次卷着裤腿，带着泥巴气来到我面前时，像是一个憨厚的庄稼汉；可多次接触之后，却发现他是一位知书达理、温文尔雅的儒者。

不避讳“苦出身”，他为《人文梅陇》写下“我是林场伐木工”，写了他在云南当伐木工的艰辛和危险，文章的结尾是：“切米基诺走了，冉光德走了，还有不少可爱的工友，在艰难的筑路中，一个又一个地走了——而我，却活着。”

可是今天，老魏也死了！2015年6月4日下午3时半，他提着奖品、高高兴兴地离开“人文梅陇微论坛”，去莘庄会见了一位作家后，5点钟，竟猝然倒在大街上。

他的手机开着，接电话的是他的妻子薛春梅。她没有恸哭，而是用平缓的语气告诉我：“世事难料，原以为我会走在他的前面……”

每个工作日，老魏和妻子都去“上班”，老魏到古美卫生中心信息科发挥余热，妻子去女儿家带外孙。傍晚，老魏顺路买菜，到家做饭，恭候妻子共进晚餐。6月4日，老魏比平日起得早，他对妻子说：“今晚我不回来吃饭。你的晚饭，我现在就去给你准备好？”

“这句话，就是他留给我的遗言。”薛春梅的声音有些颤抖。

“你是重庆人‘乡下人’，怎么定居在上海？”有一次我问魏守荣。“我老婆是上海人呀。”说这话时，老魏满脸的自豪和幸福。于是，我约他在《人文梅陇》上写了《上海人老婆，真好》。

老魏说，当年，他其貌不扬，只有38元工资，抽着劣质烟，什么“条件”都比不上妻子，但妻子看上了他“写作”的才气，甘愿和他共度清贫。婚后，妻子以上海姑娘特有的“能干”，把家安排得妥帖温暖。

老魏又说，妻子不但贤惠，而且善良，她长年为孤寡老人编织“爱心毛衣”，即使生病，也不停息。

文章的最后，老魏难抑内心的澎湃：“老婆静静地坐在那儿，灯光把她瘦瘦的身影投射到墙上，只有织毛衣的那副竹签子，发出沙沙的声音，似春天的蚕儿嚼着桑叶，又像一道汩汩流出的溪水，搅动我心底深处的层层浪花。在老婆面前，我永远是一个债台高筑者，似水流年，解不开那千千情结。”

这篇文章，薛春梅没有看过，但岁岁月月，丈夫对她的爱，相信她已感念在心，枨触甚深。

画师的春天

文／林　子

你不会相信能画一手好油画的梅万良生活得那么艰难——三年前的一个冬天，梅陇某画廊来了一位大叔看梅万良画画，看得十分专注，大叔问梅万良老家在哪里，什么地方学的画？这时，办公室里传来叫唤声："老梅！来，快来！"他叹了一口气，无奈地放下画笔，用脏兮兮的布抹了一下手，原来老板另有差事，叫他量尺寸落木料，钉画框绑画布。

后来大叔又来画廊与梅万良攀谈，却引起老板警觉，老板阴沉着脸说："老梅，这里没有时间说话。"老梅垂下头一声不吭。也难怪，老梅的油画经老板一转手就能卖两三千元，而那幅"万里长城"，有买主付了六万元。老梅是个摇钱树，时间就是金钱啊！

要下雪了，那位大叔在家坐不住了，他牵挂着：老梅睡觉的画廊地下室多么寒冷啊。冒着寒风，大叔来到地下室，只见老梅蜷缩在地铺上，怀里揣着一个热水袋。大叔的出现让老梅半是惊喜半是尴尬，当大叔把新买的电热毯送到他手里时，老梅热泪止不住地往下流，声音有点颤抖："大叔，我是孤儿，十五岁就没有了父母，二十多年来，从没有人这么关心我！"大叔的泪花也在眼眶里打转，

梅万良在梅陇社区学校教画画

地下室里传出两人的哭泣声。

大叔扶起他，发现他右手的多个手指少了一大截，问起手指事，梅万良热泪纵横……他出生在湖北黄冈一个贫穷闭塞的山村，母亲多病，靠父亲一个人种地维持一家五口的生活。可还在念小学的他，却像中魔似地爱上了画画，常常用树枝在泥地上画狗画猫画花鸟。一年暑假，梅万良跟着爸爸去景德镇走亲戚，不留神走散了，原来他被在花瓶上画画的老画师迷住了，从此他有了一个梦，长大要做画家。

上初中那年，哥哥弟弟为生活所迫，离开了那个穷山村，从此竟杳无音讯。一天，父亲在地里一头栽地，四十多岁就离开了人世。第二年，母亲因无钱治病也随父亲而去，撇下了破败的土屋和少年梅万良。从此，屋里变得冷飕飕的，锅台再也没有热过，他成了孤儿，失去了最低的生活来源。凭着坚强的毅力，他念完初中考上高中，但是由于付不起学费，多次受到校方责难。为偿还学费，暑假他就去校办工厂干活。

工场间一无劳动保护二无降温措施，那天上午，只喝过一碗稀饭的他头晕眼花，一走神，咔嚓一声，无情的电锯截飞了他的三个手指，露出嶙嶙白骨，血流如注……他被送到附近的小医院。校方怕事态扩大，对他又哄又骗，不准他说出真相，否则要取消他高考的资格；同时为了安抚他，工场间老师陪他去街上的面馆，吃了一碗香喷喷的牛肉面。这是他有生以来第一次走进饭馆，他一边吃一边流着泪，泪水洒满面碗……那夜，麻药药性过后，断指钻心地痛，不能写字了，不能画画了，他绝望了。

第二天，天麻花亮，他走过没过腰的荒草地，来到父母的坟头，跪在地上放声大哭："爸爸妈妈，你们怎么扔下我不管了……"他在一棵大树的树丫上抛上绳子，在绳下垒起石块，当他爬上石块时石块塌了，脚崴伤站不起来了。这时耳边突然响起母亲临终前的声音：

梅万良作品

“儿啊，你要好好活下去……”对啊，我才十七岁，我要活！

一年后，梅万良考上了广东湛江美术学院。他怀着梦想，离开了那个给他带来梦魇和苦难的地方。他顽强地用残缺的手指夹着笔苦苦地操练，他的清贫，他的刻苦，给美院老师留下了深刻印象，他们断言，梅万良总有一天会实现梦想。

毕业后，他背着画架信心满满地来到深圳。当时，外贸公司生意红火，将高雅的油画制作进入流水线，每个操作工只需在画布指定的部位涂上油彩，马上流转到另一个操作工手里，最后由画师作调整。工作是计件的，为了还债和养家糊口，梅万良拼命地画，那残疾的手上长满了老茧，也练就了他出画的非凡速度和功夫。但是，他感到窒息和厌倦，绘画的情趣和快乐荡然无存，他成了一个纯粹的画匠，什么画家风采、艺术灵感均与他无缘。

然而，这样的“好日子”也没过上几年。20 世纪 90 年代末的亚洲金融风暴使油画出口直线下降，为了生存，他只得去私人画廊打工，过着拮据的生活。上海世博会前，上海成了热土，他怀着一线希望只身来到上海梅陇，在一家画廊打工，可每月两千多元的工资哪能养活一家四口人啊。

梅万良辛酸的经历深深地打动了大叔，经过大叔的努力，梅陇镇罗阳一村一家儿童油画班开课了。油画班受到家长和孩子们的欢迎，也帮他缓了一口气，让他认识到自己的价值。但是，这毕竟不是长久之计。

时来运转，2011 年的春天，梅陇地区人文气息渐浓，暖暖的春风吹拂了万千杨柳。一天，梅陇社区学校一位不愿公开姓名的爱心女士带来了几位老师，她们以购画的名义造访了画廊。几天前，好心大叔把梅万良的遭遇告诉了她，得到了她的同情和关注，又使她几天不安：留住人才、帮助人才是她的责任啊。她向这位素不相识的人伸出援手：开设油画班，聘他为教师。然而，说来容易做时难，据了解，上海几十所老年大学，开设油画班的寥寥无几，因为，老师难请，生源难招，清洁工作难搞；再说油画是门高雅艺术，尚未走进寻常百姓家，所以，两次招生，两次夭折，然而她不舍不弃。一年多后，2013 年的春天，梅万良终于接到校方的通知，要他到梅陇镇社区学校任教。此时梅万良正在工厂打工，他不敢相信自己的耳朵，一年前，因养不活家人，他恨自己无能，一气之下摔了画笔，到工厂做了工人。

他深情地抚摸着三尺讲台，百感交集。他强抑着泪水，看教室里坐满的年龄参差的学员，眼里露出求知的欲望。从此，他成了受人尊敬的“梅老师”，一种神圣的感觉油然而生。春天真的来了，堆在他心头的冰块开始融化，麻木的心灵开始苏醒。由于多年的生活压力和儿时的苦难，虽是油画系的学生，他却感受不到春光的明媚和色彩的绚丽。

第一课上，他说：“同学们，油画并不神秘，三种原色的巧妙搭配可调成人间最美的色彩。然而，所有奇迹的发生必须在光的照耀下才能发生，所以学油画者，必须研究各种光源的效果，而太阳光是人世间最重要的光……”

半年后我见到了梅老师，他变了，眉头舒展了，谈吐中充满了自信。他告诉我，爱心女士帮他把湖北老家的女儿转进上海某职校学习园林设计，爱人也在上海找到了工作，一家四口生活在一起再也不分离了。他告诉我，做一个教师不容易，做一个称职的社区学校教师更不容易。我感到他正完成从画师到教师的转变。为了回报梅陇好心人的关爱，他正酝酿一个计划，要让更多的学生去考级，让作品去获奖，为校争光。到时机成熟，将油画义卖，把义卖的钱捐给贫困家庭爱画画的学生。

又一叶漂泊多年的孤舟驶进了梅陇的港湾，人文的梅陇为心怀梦想的人们搭建平台，撑起大伞——为他们避风遮雨也为他们找回了做人的尊严与幸福。

陇上益友情，十年精彩路

“讲座 2000 余场，听课者 20 万人次”——这是一个炫目的数字，又是一段踏实的路程——怀着不忘初心的美好憧憬，带着默默奉献的顽强坚持，陇上益友讲师团这支队伍，披肝沥胆、披荆斩棘地走过了非凡的十年。

张炳生老师说，回首十年路茫茫，不思量，自难忘。忘不了，梅陇镇党建中心从高兴路一间屋，到莘朱路半层房，又到上中西路一幢楼；忘不了，讲稿从薄薄二张到厚厚三尺；忘不了，梅陇的社区村落、大街小巷，原来只能在地图上辨识，而如今已烂熟于胸、信步踏来；忘不了，一堂课后，虽然冒着风雪而归，却是暖意融融，虽然顶着酷暑而返，却是神清气爽。

“观乎人文，以化成天下”是陇上益友讲师团的“授课精神”——通过“梅陇故事”，来凝聚社会主义核心价值观，再把“凝聚”用来化入人心，“化成天下”。

“文而化之”，是日积月累的工程。讲师团的课程，没有“官样文章”的宣读，没有空洞理论的说教，而是许许多多触手可及的、真实动人的故事——“讲故事就是讲文化”，当“梅陇爱星”的故事

“十年精彩路”展板

每一次课程都精彩

诗朗诵：献给陇上益友讲师团

闵行区委组织部副部长汪丹笑着说，现在对梅陇镇党建工作进行“体检”，体检报告是“很健康”

使台上台下热泪盈眶时，文化的力量已经潜移默化地改变着大家的价值观。

讲师团是一支团结、友爱、互助的队伍。成员中，虽然张炳生曾在中央和省级党报从事新闻工作38年，是高级记者，理论功底深厚，虽然赵建民是复旦大学历史系教授、中日问题专家，虽然被誉为“中华一绝”的谢贤礽曾为胡锦涛等众多名人创作和书写过嵌名联文，虽然金恒源是清史专家著有多部著作，虽然王启林致力于经济研究，对财经知识有较强的分析和讲解能力，但他们始终不骄不躁、仔仔细细地备课，谦和大气地为大家出谋划策。交流中，大家做到了“一技之长不护短”，团体活动共谋划。

如为了备好《我们的家园》这节课，讲师们下基层、觅古迹、访老人、找资料，进村走访调查，以“解剖一个麻雀”的不厌其烦、不畏艰难的精神，全体成员前后一共四次的讨论修改，终于完成了

梅陇镇党委书记杨建华说，镇党建工作所取得的成绩离不开讲师团精益求精的学习态度，公益快乐的心，高度的政治责任感和使命感

张炳生老师说，回首十年路茫茫，不思量，自难忘

数万字的有血有肉、图文并茂、有大量数据的讲稿。

第一次将脚下的这块土地活生生地呈现在新、老梅陇人的眼前，其中的五彩缤纷、动人细节，至今“挥之不去”，“余音不绝”。课中，台下听众不时爆发出自豪而热烈的掌声。

给人一杯水，自己要备一桶水。讲师们买来新电脑，上网查询资料，订阅报纸杂志——在时事政治方面，先把自己的头脑灌得满满的。

然而，把自己头脑中“满满的知识”再来个“满堂灌”就行了吗？显然不行。这就需要从“知己”到“知彼”，从“向师”到“向生”，使听众从课堂的“边缘人”成为课堂的主角——讲师因听众而存在，为听众服务，是听众学习活动的“导游”。

“导游”，又是梅陇文化的引领人，不久前评定的“梅陇镇十大文化领军人物”，其中有两位是陇上益友讲师团的讲师。

梅陇镇党委书记杨建华饱含深情地说，梅陇镇党建工作所取得的成绩离不开陇上益友讲师团精益求精的学习态度，公益快乐的心，高度的政治责任感和使命感。讲师们虽然各有特色，各有专长，但他们都有着深深感染着我的奋勇向前、永不止步、坚韧不拔的宝贵的精神。

闵行区委组织部副部长、区社建委党委书记汪丹说，讲故事只有感动自己才能感动别人，讲道理只有说服自己才能说服别人。他肯定了陇上益友讲师团“三大员”的作用，这就是政策法规的传播员、工作方法的教导员、社情民意的情报员。他笑着说，现在对梅陇镇党建工作进行“体检”，体检报告是“很健康”。

空中党课，梅陇开播

文／王文娟

2017 年 9 月 7 日周四晚上，一堂创新党课在梅陇镇党建中心举行。听众，不只是现场的 50 余名学员，而是全上海乃至上海以外的学员。因为，只要大家打开手机，就能同步收听到音频党课，还可以在线实时向老师提问。

首场空中党课由上海市委党校副校长曾峻教授主讲。“我是第一次通过音频直播形式讲党课，具有挑战性，”曾峻坦言，“接到这个任务挺紧张的，不仅要严格按照中央精神把握讲课内容，而且要考虑听众个体需求，尽可能讲得生动活泼，让听众愿意听，听后有收获。”

“不是党员对理论、经典著作不感兴趣，而是我们提供的产品从内容、形式上和党员的要求有距离，”曾峻说，“我们要与时俱进地上好党课。”

“习近平总书记指出，要推动全面从严治党向纵深发展，请问您对‘纵深’怎么理解？”曾峻在课堂上回答了梅陇镇罗阳八居党支部石慧鸿提出的这个问题，而这个问题和答案同步直播到音频平台上。“现场听课党员和音频平台上的听众都可以向我提问，不同的群体关

讲课主题是解读习近平 7.26 重要讲话

曾教授在授课，
现场学员不多，空中学员多多

精彩课程引起阵阵掌声

上海市委党校教务处副处长吕平（左一）、上海市党建服务中心副主任朱志良（左二）、闵行区委组织部副部长姚计华（左三）、上海电台主持人秦畅（左四）、阿基米德 CEO 王海滨（右一）；人民网上海频道负责人金煜纯（右二）、上海东方广播中心主任、阿基米德董事长孙向彤（右三）、闵行区梅陇镇党委书记杨建华（右四）和上海市委党校副校长曾峻（中）共贺党课形式创新

党员现场签名

首次空中党课在梅陇党建中心举行

上海电台正在直播

名师深度授课吸引人

学员提问，同步直播到音频平台上

上海电台主持人秦畅在梅陇第一次主持“空中党课”

注点、兴趣点不一样，提出的问题会更广泛，他不一定提出和讲课内容相关的问题。”曾峻说。

“这种党课形式深受年轻党员的欢迎，适合年轻人的工作与生活节奏。之前他们对党章等文件的学习可能比较碎片化，音频平台的建立是年轻人对党的知识系统学习的开始，”梅陇镇党委书记杨建华说，“基层党建服务中心正在探索，如何将党性教育深耕到每一个平台上，而这种党课模式改变了原来教学的机械性，内容有录音录像，可以在不同的平台回放，课程比较灵活，可以复制传播。”

“我们力求探索通过新技术、新渠道、新形式将党的理论、党史知识、先进人物事迹、党的政策解读传播到更广泛的受众中，同时也是满足新媒体时代许多党员、干部希望通过互联网进行理论学习的需求。”东方广播电台主任、阿基米德董事长孙向彤表示。

客堂间里轧闹猛

文／马天璋

群文团队参与社会治理梅陇现场会在曹中村客堂间举行。与传统的会议不同，此次现场会采用团队现场展示与会议结合的方式，在彰显梅陇群文团队风采的同时，也使各个基层单位直观地了解了今年一年的文体重点工作。

上海市曲艺家协会副主席黄震良、吴新伯，闵行区委宣传部副部长朱奕，闵行区文广局局长杨继桢、副局长陶丽，梅陇镇党委副书记、镇长陈浩、镇党委副书记管燕、镇党委委员施佩玉、副镇长唐铮及镇群众文化领导小组成员等应邀出席会议。

随着主持人一口纯正的上海话“大家好”，整场活动正式开始。用方言主持，这在梅陇还是第一次，而对梅陇人而言，方言本身是一种文化，更是一种情结，是梅陇人的“自家话”。会上，每一个环节都把“社会治理”这个热词结合在了“梅陇元素”里——“你方唱罢我登场”、“开单子、接翎子，牵起一根红绳子”、“带队伍、搞活动，吾伲勿会坍牌子”，伴随着古筝、二胡、竹笛、葫芦丝等传统乐器的悠扬曲声，梅陇镇党建六大片区的 6 对书记与团队代表悉数上台，通过群文团队带头人提意见，居、村委书记解难题的形式，

闵行区委宣传部副部长朱奕（右一）、梅陇镇镇长陈浩（左二）、梅陇镇党委副书记管燕（右二）、梅陇镇党委委员施佩玉（左一）、观看“梅陇文化领军人物”图片介绍

文化结对

让团队的声音有人听，让村居的资源能对接，为一线的群文团队找到真正的归属感，让文化事业融入村居，成为推动社会治理的一剂“猛药”。

上海曲艺家协会副秘书长章燕与闵行区文广局局长杨继桢共同为“一月一星”演出基地揭牌。作为“一堂一特色”项目在行西客堂间的重要载体，上海曲协承诺在未来的一年里将为行西客堂间带来丰富多彩的“一月一星”活动，丰富行西村周边居民生活，实现文化“软治理”。会上揭牌的还有梅陇镇“修齐讲堂”。作为闵行区首批21座“修齐讲堂”之一，讲堂旨在以群众需求为导向，打造居民修身齐家、睦邻友善的道德文化新空间。梅陇镇“修齐讲堂”的第一堂课由“故事大王”黄震良开讲。

梅陇镇镇长陈浩在发言时连用三个“重要”，着重论述了文化工作对于社会治理的重要性。而纵观2016年，“炫·梅陇”系列才艺大赛、“以卓越谱写人文之曲”梅陇镇第二届群众文化展演活动、

上海曲艺家协会副秘书长章燕与闵行区文广局局长杨继桢共同为“一月一星”演出基地揭牌

梅陇镇“修齐讲堂”的第一堂课由“故事大王”黄震良开讲

“一月一星”曹雄、许伟忠专场演出　　开心的观众

“春申溯源、陇上花开”合唱大赛、“读书点燃智慧，知识照耀人生”读书节活动……每一项文艺展示平台都展示了梅陇文化建设的丰硕成果，体现着梅陇的人文魅力。

今后，梅陇镇还将以“十大文化领军人物”为标杆，成立“十大文化领军人物”工作室，培养一批有影响力的文化领袖，并由他们带领一批熟悉和热心基层文化的工作者，形成较为专业的群众文化工作人员队伍，逐步实现“村村有团队、居居有沙龙、周周有活动、月月有平台、季季有比赛、年年有激励、人人都参与、户户都欢祥”的工作目标，将更多文化演出、活动向基层输送，通过活动来接续乡愁，留住乡愁，推进社会治理及精神文明建设。

蒋星煜读书社梅陇书友研讨会

由镇社区管理中心主办、《人文梅陇》编辑部协办的此次研讨会，是梅陇镇首届读书节及“人文梅陇微论坛”的重要活动之一。

研讨会前，播放了由上海电视台拍摄的纪念蒋星煜先生的专题片和梅陇镇首届读书节开幕式纪录片。

社区管理中心主任胡小胜与社区读书爱好者分享了他的读书体会，与大家共同探讨读书的益处。他说：读书可以明智，开阔我们的眼界；读书让人充实，让我们温故知新；读书引领思考，增强我们的理性认识。文字能带给人们幸福感，年轻人应该多读书、读好书。

会上，梅陇文学读书社创办人郭利民谈了读书社的主要活动和功能，热心读者陈茂菊、贾荣、王晓霞介绍了他们读书、创作的体会。绿地春申小区居民董伟宁对读书社提出了期望。最后，《人文梅陇》编辑刘辛培介绍了华东师大党委书记童世骏来梅陇谈“尊严教育”的情况，并对第二季《人文梅陇丛书》的出版作了预告。

来自绿地春申、罗阳一村、南方城、望族苑、高兴一居、高兴二居、高兴三居等居委读书会的50多位代表参加了研讨会。

研讨会现场

《人文梅陇》新读者

书友自由发言

社区管理中心主任胡小胜
分享了他的读书体会

书友现场记录

南方城小区代表发言

新书友王晓霞

蒋星煜读书社成立一周年座谈会

“蒋星煜读书社”是蒋星煜留给梅陇的文化遗产。一年前，闵行区文广局局长杨继桢、梅陇镇党委书记杨建华为“蒋星煜读书社”的正式揭牌，标志着梅陇文化的承上启下。

先贤已去，遗风犹在。座谈会前，社区的几位女士和梅陇合唱团的男士们演唱了蒋老生前最爱听的歌曲，大屏幕上的蒋星煜含笑地看着这一切，好像在说：“这音乐，和我的心跳、呼吸是一个频率……”

继续美好的回忆，主持人朱丽焉和一位小朋友朗读了蒋老作品的精彩片段。

蒋星煜读书社成员郭利民、程新兰、贾荣、梁卫平、刘辛培等纷纷畅谈阅读和写作体会，表示要传承蒋老“读书、爱书、写书”的情怀。

董伟宁是《人文梅陇》的作者，也是蒋星煜读书社的成员，他谈了梅陇文化的“资源共享”。

蒋老的两个儿子参加了座谈会，没有想到的是，蒋家排行第三的公子蒋金戈，这位SMG广告经营中心的督察长、上海电视台的领

董伟宁谈梅陇文化的“资源共享”

座谈会现场不时激起一阵阵热烈掌声

蒋老的儿子蒋金戈（右）代表蒋星煜的五个子女，向蒋星煜读书社捐款一万元

蒋金戈（左）与文体中心主任黄衍（中）交谈

郭利民接受上海电视台现场采访

会后，副镇长唐铮和上海电视台主任记者朱海平在交流

梅陇合唱团会前演唱

社区的几位女士演唱了蒋老生前最爱听的歌曲

小书友朗读蒋老
作品中的精彩片段

导，代表蒋星煜的五个子女，向蒋星煜读书社捐款一万元。他在座谈会上充满感情地说，他被梅陇如此重视文化事业和文化人而震撼，他高度赞扬“书香梅陇”！

值得一提的是，上海电视台纪实频道《蒋星煜》摄制组也来到座谈会现场，主任记者朱海平为捕捉到这么多真实动人的镜头而欣慰。

五十多位书友参加了座谈会，其中有二十位来自社区的青年书友。副镇长唐铮参加了座谈会并作了即景生情的发言。

《人文梅陇》作品研讨会

走过整整五年路程，《人文梅陇》杂志越来越受读者欢迎的原因是什么？是因为它拥有一支扎根基层的作者队伍——那些匠心独运、闪烁着时代精神的佳作，那些感情浓郁、润人心田的记录，绝大部分出自梅陇镇新闻志愿者、草根作者以及正在寻找“老有所乐、老有所为”的退休人员之手。

这些退休人员都不承认自己是“退休老人”，因为写作，使他们永葆激情与青春。正如研讨会上毛祖蓉所说：“写下身边的事，留下来的就是文化，而文化的积淀就是历史，所以，‘人文梅陇’的历史将永存！”

《人文梅陇》40多位新、老作者参加了此次研讨会，他们之间有的并不认识，但当主持人请某位作者与大家见面时，会场里立即响起“早已熟识的”热烈掌声。因为，被介绍的作者生动细腻、直抒胸臆的作品，早已随着杂志传播，并已使大家为此感动与感怀！

结合为《人文梅陇》的写作经历，作者们各具特色的发言意气昂扬又“接地气”——丁汀讲“政治与文化的联系”，马小华讲“写作的真诚与真实”，朱林兴讲“梅陇的文化传承”，胡铁华讲“世纪

“百姓作家”钱红春

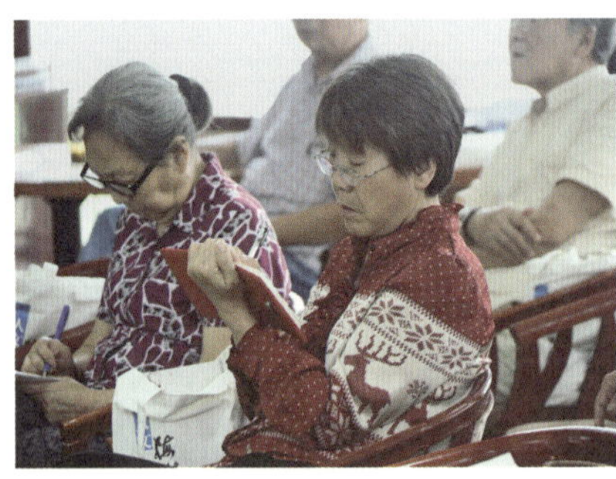

边听边记

大家都想留下“珍贵记忆”

收获感动与快乐

研讨会由镇文体中心副主任马天璋主持

镇业委会理事长冯纪祥

传记作家胡铁华

报社老总张炳生

大学教授朱林兴

中学教师、作家薛鲁光

作家丁汀

新作者毛祖蓉

“有心作者”马小华

科技工作者张国文

老人的‘记忆抢救’”，钱红春讲“写作的勤奋与快乐”，张国文讲“写作带来新生命”……

争相发言中，大家达成一些共识：要抓住“小人物”的闪光点，要抓住真实动人、鲜为人知的故事。写作，要做“有心人”，要认真构思；文章，不怕“磨”，不怕修改。

研讨会上，作者们纷纷感谢《人文梅陇》这个催人奋进的文化平台，纷纷感谢梅陇镇党委、特别是杨建华书记五年来对杂志的悉心指导。

最动情的歌是《家住梅陇》

文／刘辛培

2016年9月23日，秋日融融，照亮了上海城市剧院的大门，将路边长青的树木染上一片金红。路边，一群群欢乐的梅陇人——男士白衬衣黑领结，个个是绅士；女士身着多彩旗袍，人人是淑女——他们或"啊伊约呜"地亮着嗓子，或摆着pose留下倩影。他们的笑声，从心底发出；他们的喜悦，和着身上淡淡的香味随风飘来，令人陶醉，使我情不自禁地停下脚步。

美女中的一位很面善：她发光的眼睛，微红的嘴唇，浓密的头发向后梳拢，显出弯曲有致的波纹，紫红色的旗袍衬出完美的身材，像荷池里一朵正要开放的莲花……啊呀，这不是当年的"铁姑娘"，带领车沟村脱贫致富的罗凤英吗？

六年前我采访过她，并在《解放日报》写下"凤英展翅"。"罗书记，你年轻了20岁！"我开心地握着她的手，她的脸颊飞上一朵红云。她的同伴围了过来，他们是45个在梅陇退休的"老干部合唱团"的成员，其中有我的熟人许惠兴、顾金鑫、张利荣、叶允春、黄嘉云、杨佩理、孙永花……曾经，他们的汗水撒在梅陇的土地上，今天，他们要将最美的歌声献给眷恋的家园。我们愉快地交谈着，感受着梅陇人节日的温暖。

火树银花的舞台，展现了梅陇灿烂的前景和绿色的世界。下午一时三十分，宏伟的一百多人的大合唱《家住梅陇》拉开了展演的序幕——“虽说你我，姓名不同，我们的家都住在梅陇；风吹柳恋画中游，陇上开花梅家弄……”压抑不住的情感，将心中汹涌的波涛，排山倒海地倾来……台上是演员的忘情歌唱，台下是观众的泪光闪闪。

当声音合起来，力量合起来，形神合起来，人心合起来时，陶醉在美妙旋律中的人们，都感受到了“我中有你、你中有我”的和谐。

歌声有凝聚力，但“引领歌声”的梅陇镇党委考虑更多的是梅陇发展的“可持续”：梅陇要走得更远，需要文化的力量——如果一个城镇没有人文精神，那就是“空城”；梅陇文化的“软实力”，就是梅陇发展的“硬功夫”。

合唱大赛，只是梅陇文化的一个载体。其他的“文化载体”，显示在剧场的大屏幕上——

你看，年年举办的“炫·梅陇”百姓才艺大赛，上至90岁老太，下到稚龄儿童，男女老少轮番登台献艺，各个舞台都成了老百姓的欢乐天地。

你看，8万个梅陇居民拥有的“社校一卡通”，贯通了区域内社区学校、公办中小学、村、居委教学点及750个职工之家的826个学习点，是梅陇居民终身学习的储蓄卡和信用记录卡：学习有积分，积分再学习，激励大家“学习学习再学习”。

你看“人文梅陇”这个文化平台——其一的《人文梅陇》杂志，让记忆说话，用真情故事打动人心，激发梅陇人热爱家园、建设家

大合唱《家住梅陇》

抖空竹

扇子舞

太极拳表演

观众一起唱

广场舞

王汝刚来到“客堂间”

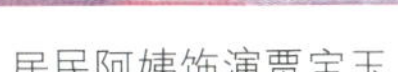
居民阿姨饰演贾宝玉

江姐化妆好了

园的热情。其二的“人文梅陇微论坛”，就像和朋友谈经论道，以书会友，以文会友，以学会友，为作者和读者打开知识之窗。其三的《人文梅陇丛书》是“党委、政府搭台、社会力量参与、人民群众唱戏”的“读书、爱书、写书”模式。2015 年和 2016 年，梅陇人写的书，已由上海人民出版社出版了七本。

值得一提的还有“乡村文化客堂间”。行西村、曹中村、集心村等利用既有的活动场所，通过挖掘乡风习俗、乡情故事，实现文化传承；镇文体中心通过“文化春雨邻里行”，以各类讲座、特色团队展演等配送活动，丰富村民文化生活，将文化送到百姓家门。

与此同时，梅陇镇已制定文化事业发展整体规划，将文化骨干队伍纳入“三长”队伍，盘活文化资源，对接百姓需求，实现社会“软治理”。

梅陇镇“十大文化领军人物”在文化展演中闪亮登场，闵行区委书记赵奇向他们授奖。

走上大舞台，书记演书记

文／翁建华

在基层当了几十年的书记，想不到真有机会走上闵行区最大的戏剧舞台，在城市剧院“梅陇镇文化汇演”一个15分钟的“亮点节目”中扮演我真实的身份——曹中村党支部书记。

在舞台上的“客堂间”里，我诙谐幽默、酣畅淋漓的表演激起大家的感情共鸣，启发观众在一片笑声中有所思，有所悟。观演时，当梅陇镇党委书记杨建华向闵行区委书记赵奇介绍说，这位“演员书记”就是“我们的村书记”时，赵奇同志颇感惊讶，又断言道：我看他有“文艺基础”。

作者剧照

是的。虽然我是双溪村的一个农家子弟，虽然农活累、农家苦，但“文艺的火种”一直燃烧在我心中——那是20世纪70年代末，我哥有机会在吴泾焦化厂当合

作者（中）在演小品

作者（左）书记演书记

作者沪剧演唱

作者（右四）在舞台上的客堂间

同工，拿了工资便“破天荒”地买来唱机唱片，那百听不厌的沪剧《芦荡火种》，就是我学戏的摹本和心中跃跃欲试的“火种”！

机会不负有心人。1979 年曹行乡成立演出队，我闻讯报了名，一曲像模像样的沪剧“军民鱼水情”，使招聘老师击节称赏。两年后，上海县举办文艺骨干培训班，我又被选入，进行了整整一年“全封闭”的正规训练。教我们表演的，是中国声乐家协会的主席和上海沪剧院学生馆的老师，教我们“形体与身段”的，是上海昆剧院的老师……老师很严格，训练很艰苦。练韧带，我腿上的青紫连成一片。

回乡后我自然成为“文艺骨干”。可好景不长，1985 年经济大潮涌起时，群众文艺进入低潮，我不得不去牧场种蘑菇……“群众文艺一定会复兴！”带着这样的想法，直到 1992 年，我接替孙永山担任了曹行文化站的站长。

那时的站长可不好当，乡里一年只给文化站 3 万元，这包括全站 7 个人的工资、水电煤及所有演出的开销。再节省，文化站每年也须有 14 万元的支出，这 11 万元的缺口，就看我这个站长“搞三产”的本事了。我做得很出色，被称赞为“解决了政府的困难”，以至于 1996 年 7 月，乡里把我这个“能人”调到很有名气的中利化工厂当了厂长。

当厂长，当书记，都难舍我的“文艺之心”。我参加了居住地的沪剧沙龙，每周五晚上是沙龙活动的时间，十多年雷打不动。我们巡回公益演出，不久前在梅陇乡村动迁集中地金都居委会，我们的两场表演赢得阵阵掌声！

我与文化有缘，在基层摸爬滚打 20 年后，天遂人愿，2017 年我又回到文化站——不，现在叫“文化体育事业发展中心”。这确实是一个“发展的事业”，如今，梅陇镇党委、政府对文化工作的重视与支持，与过去完全不能同日而语！如在“社会治理，文化当先”思路中诞生的“客堂间”，就反映了蓬勃向上的城市精神和城市文明，也体现了“人文梅陇”崇德向善、见贤思齐的文化内涵。

所以，梅陇镇文化汇演没有让我这个“老文艺骨干”缺位，我与上海人民滑稽剧团编剧许伟忠一起商讨剧本，我为剧本增添了诸多“本土元素”……我看到，汇演那天的台上台下，一群群欢乐的梅陇人，男士白衬衣黑领结，个个是绅士；女士身着多彩旗袍，人人是淑女——“自信”，写在他们的脸上，“文化”，展现出梅陇灿烂的前景。

梅陇朗读者

第 21 期“人文梅陇微论坛”暨“修齐讲堂”由梅陇镇社区管理中心和镇文明办主办，蒋星煜读书社协办。这是传播文字又展现生命的一次交流，因为论坛上朗读的散文与诗歌大多是《人文梅陇》杂志已故作者的作品。朗读者中，既有社区居民，也有相关领导与行家。

台上泪光盈盈，台下热泪盈眶。这次情景交融的朗读，既是一次缅怀，又是一次拨动心弦的遇见。《梅陇朗读者》将在各邻里中心巡演，它将成为梅陇镇的一张文化名片——因为这样的感动，会激励我们，珍惜生命，热爱家园，努力工作。

女诗人陈晓蕾

梅陇绿竹景致多

文／魏守荣

5年前，从黄浦区动迁来到梅陇镇向阳路，一看，房屋一边栽着一丛丛绿竹，心想，在蓊蓊郁郁的竹林旁生活，真是别有一番景致。

果然如此。早晨，各种鸟儿在竹林间婉转啼叫，太阳一出，屋子里便布满了摇曳的竹影；风一吹，是竹枝瑟瑟响动的声音，风停了，不远处的丰盛河水又淙淙地响个不停。

竹林里更好玩了。夏天走进去，只见百竿千条，修长雅致，随风舞动，各具风姿。一簇簇娇艳的野花，在竹林里发出清香，一弯粼粼的河水，送来阵阵的凉意。要是夜间下过一场大雨，早晨起来一看，满林的竹笋便破土而生，那一根根笋儿，全身布满了棕色的茸毛，好像小牛犊的乳角。挖起来，篼子上还现出圈圈血红的笋珠；剖一刀，再剥去层层笋箨，那象牙似的笋骨就露了出来。用它来炒菜，又脆又香，味道鲜美极了。

望着向阳路住宅旁边的绿竹，我想起小时候在故乡，要骑竹马，放风筝，做水枪，办花号，便到竹林里去选最好的慈竹。后来长大了，在山里参加劳动，才知道竹子的用处实在很多：农家的竹楼，院子的篱笆，睡的床，垫的席，坐的椅子，穿的麻鞋，用的绳索以及姑娘的纺车，老人的烟袋，夏天的篾扇，吃饭的筷子，都离不了它。因此，我对竹子一直有着深厚感情。

记得搬到梅陇的第二年春天，和社区志愿者参加造林种竹时，我就是个种竹积极分子。大伙儿在丰盛河沿岸荒地路边，挖的挖，运的运，劳动喊声连天，找了很多根竹鞭，在河滩栽了一片。如今又去丰盛河，经过那一带的时候，只见嫩竹已经成林了，一根根还带着笋箨的嫩竹，挂着细瘦的竹枝，弯着鱼钩似的梢头，把整个河滩打扮得非常美丽。当时，不觉想起一首古诗：

去年新竹种西墙，今年墙阴笋影长，
一日生枝三日叶，秋来便已蔽叙阳。

把河滩上的嫩竹加以对照，觉得对竹子的极易生长，这首诗的说法并非夸大其词。

回来后，我和现在居住地的志愿者，打算也在小区花园、道路边的空地上栽种一些竹子。这样，绿竹蓊蓊，更能增加社区景致。

故事中的两岸情

这是第二十四期“人文梅陇微论坛”。闵行区台联副会长杨虎、张佩华、徐翚，镇文明办副主任张晖东，《人文梅陇》杂志编辑刘辛培，区台联梅陇分会会长陈健华以及分会成员、蒋星煜读书社成员、各界人士代表出席活动。

讲故事的五位嘉宾，有台胞，有台属，有台商代表，也有社区居民，他们与大家分享了《幸福“监护人”》《阿嬷和矿泉水瓶》《女儿的台湾干爹》《“斗牛士”精神》《慈善企业家郭襄颖博士的爱心哲学》五个故事。

他们声情并茂地讲述，或用沪语，或用普通话，还夹杂台湾腔，加入照片实物展示，让会场气氛十分活跃，大家都被故事深深吸引，掌声始终不断。

《人文梅陇》杂志编辑编刘辛培、闵行区台联副会长杨虎先后为五个故事点评，“孝、睦、情、勤、爱”五个字包含了五个故事的精华，并将活动推向高潮。

与会人员纷纷表示，希望今后多举办此类活动，让“人文梅陇”更出彩。

杨虎点评

刘辛培点评

陈健华讲故事

郭利民讲故事

听众抓拍

听得有滋有味

梅陇人的大山情缘

文／周夏芸

出生在20世纪80年代的人们，被世人俗称“八零后”。多年前，社会上对他们的表现颇有微词：自私、自我、享乐、缺少责任感……但随着时间的推移，他们跨入婚姻殿堂，成了人父人母，用自己的成长否定了那些“微词”。他们不再刻意“标新立异”，显摆他们的与众不同，他们担起了家庭与社会的责任，不断走向成熟。比如，都是“八零后”的梅陇镇华一村村民张丽和她的丈夫万益、曹中村村民小林和她的丈夫……

从心动到行动

张丽乐观开朗，富有爱心。偶然的一次，她登录一个名为“爱心之家”的网站，网站介绍了广西都安县贫困山区的孩子，让她产生了同情。要不要帮助一下？由于不确定网站信息的真伪，她先通过网站加入了志愿者群，逐渐了解情况。在QQ群聊天中，张丽认识了老家就在广西省都安县、目前在北京打工的邓凤婷，了解到这个国家级贫困县的种种情况……

邓凤婷向张丽介绍他们村里的一户苏姓人家，由于贫穷，家里有两个女孩不得不为了生计而辍学，并让她看了自己拍摄的“广西都安大山深处的磨米女孩”的视频，张丽看后非常感动。当邓凤婷问张丽能不能资助一下时，在与丈夫万益商量后，小夫妻俩当即应承下来。

两个孩子一起帮？张丽想到了她的好朋友——曹中村村民小林，问她愿不愿意和她一起，帮助广西贫困山区的另一个女孩？小林也是和丈夫一商量，便欣然应允——从此，梅陇镇两个村的两对“八零后”夫妇开始每年捐款，有时还寄些衣物……有一天，两个女孩用邓凤婷老家的电脑，通过视频，激动地看见了千里之外上海梅陇的“爸爸妈妈”！

看望大山里的磨米女孩

今年，是梅陇这两对村民夫妇资助广西两个女孩的第三个年头。山区的“女儿”怎么样了？能不能像自己的孩子那样，生活得无忧无虑？两个“八零后”家庭一商量，决定利用暑假，带上孩子去看看。

经过飞机、汽车的长途跋涉，两对年轻夫妻和他们的孩子来到了风光秀丽的广西都安。但当他们来到苏家的山脚下时，傻了眼：山高而陡，根本没有看得见的路，只有攀着石头上山！一路上，没有树木，没有任何遮挡物，烈日当头，骄阳似火，四个基本上没有吃过苦的上海“八零后”和他们的孩子，硬是一步一个脚印，手脚并用地爬了近两个小时，爬上了山。后来他们才知道，他们上来的路，尽管障碍重重、崎岖难走，却被清理过——苏家为了让上海的客人好走一点，花了两天时间，为这条山路拔草、整修。

爬上山，映入眼帘的是一排小木屋，很简陋，木屋下面是一排

昏暗的屋内

女孩的家

上海客人与苏家孩子合影（前排右一为张丽）

苏家的四个女孩

猪圈，猪粪的气味弥漫在屋里。女孩们看到“爸爸妈妈”，立刻冲入他们的怀抱。女孩的父亲苏建安把他们迎进屋，环顾四周，屋内设施简陋，四处漏风，唯一的电器是中间屋子上方的一个灯泡。

聊天中得知，苏家的情况，比想象的更糟：苏建安由于家里穷，一直没有结婚，四十多岁才娶了一个患有精神疾病的妻子，生了四个女儿，最大的女儿过继给了大伯，他和妻子还有三个女儿一直生活在山上，靠种玉米、养猪生活，一年一千多元的收入让全家五口的日子过得捉襟见肘。

朴实的苏建安一直住在山上，很少有人与他沟通，对尊贵的两家上海客人的到来，老苏高兴、感激，不知如何表达。他为客人们买来了平时无论如何也不舍得喝的矿泉水，并用只有过年才舍得杀的兔子、鸡和米饭招待客人。

上海的两家人给孩子们带去了很多礼物，她们很懂事地表示感谢。她们上学回家就帮忙干活，将玉米磨成粉；大大的石磨，孩子们要一起推才推得动。由于营养不良，女孩们比同龄的孩子矮很多，这让万益他们觉得心疼。临别时，双方都依依不舍。

采访中，四个梅陇的“八零后”都说，每年资助的钱物对他们而言不值一提，或许只是举手之劳，但对被资助者来说十分珍贵。他们去之前买了很多女孩穿的漂亮衣服、裙子之类，但到了那儿才发现孩子们需要的不是这些，她们最需要的是“买不起”的日用品。

准备回家时，听说那里一户姓兰的人家因家里着火，所有的物品都付之一炬，家里还有个上学的女孩，两家人立即决定一起资助这个孩子。回来后，当梅陇其他“八零后”的朋友听说了他们的“大山情缘”，感动之余，也表示要资助兰家……

由闵行区安委会和光明食品集团联合举办的“安全生产社会共治”演讲比赛，政企联动，各街镇、单位和企业踊跃参与，32名选手参加了复赛。经过激烈角逐，10名选手晋级决赛。决赛共产生一个一等奖，两个二等奖，三个三等奖。

由梅陇镇安监所推选、镇文体中心郁梅菲演讲的《大血管、小血管与毛细血管》勇夺冠军——获得唯一的一等奖。

大血管、小血管与毛细血管

讲到“安全工作不能‘吹’，‘一吹’就要出事故”，梅陇镇镇长陈浩笑了：虽然许多安全事故都有意外性、复杂性和突发性，但偶然性中有必然性，你回头看看每一次事故，相关责任者都不能说已经穷尽所有安全工作的要求。而且，安全隐患是一个狡猾的杀手，你预警应急机制不健全，安全风险排查不深入，这个杀手就会立即穿越防护网！

所以，很多时候，我们并不缺乏法规、制度、监管、预案，但在“安全”这个沉重的命题下，每一个环节的失守，都会给危险的下坠一个加速度。有人说，事故是安全工作最无情的验收员，那些法规与监管上的漏洞，如同开在血管上的切口，触目惊心。梅陇

“大安全”的落实，从镇领导到职能部门再到每一个基层单位，都明确谁是缝合这些可怕切口的“必要的手”。

古人言：“为之于未有，治之于未乱。”现代人并不比古人聪明，但现代社会一日千里的发展，错综复杂的生产形态使我们进入了一个“风险社会”；而且，梅陇面临人多量大、业态纷繁、基础薄弱的现状，各种矛盾易叠加、多牵连、燃点低，使安全风险在新的生产方式的裹挟下迎面而来。

明者因时而变，知者随事而制。比如，为解决“天然气管道占压”问题，涉及搬迁的住户有的责问：“我的房子建造在前，天然气管道铺设在后，为什么要我搬家它不搬家？”有的自作主张：“住了这么久，一直太平无事，脚底下的管道，结实得很！”有的一脸痛苦：“搬迁，我的天，哪里去找相似的房子？”对于这些意见，我们

评委与观众

郁梅菲（右）勇夺一等奖

赛前节目

一要“理性”，二要“感性”，三要“统筹”——“理性”，是讲“规则大家都必须遵守”；“感性”，是讲“全面覆盖”下的“具体问题具体分析”；“统筹”，则要换位思考，人家搬迁有困难，你能不能施以援手，帮他做点事？我们解决漕宝路1200家商铺“三合一”的安全隐患问题，靠的就是这个办法。

平地起高楼，七分打地基，三分盖楼体。生产企业和基层单元的安全是城市安全的基础，而人民群众，对平安社会的要求越来越高，“安全”的内涵和外延更在不知不觉中刷新着我们的认知。所以，作为长期分管安全的镇领导，所做的是一项基础性、长期性的工作，必须在细和实上狠下功夫。

总之，做好“安全”这篇大文章，领导，要有“安全发展观”，百姓，要有“安全素养”。观念转变了，素养提高了，发现问题的“千里眼”和“顺风耳”多了，安全隐患从萌芽到成势就难了！这就像一个人，人的血管里一直有扫除“三高”的清道夫，在大血管、小血管、毛细血管都安全通畅的情况下，血液的循环，心脏的安全，自然就有了保证！

老干部爱读《人文梅陇》

文／顾祥健

《人文梅陇》是梅陇人喜爱的杂志，它有“海派风味”，又有“书卷气息”，赢得了老干部们的喜爱。

五年前，刘辛培编辑希望我“抢救性”地挖掘梅陇离休干部的故事。于是，十多位老同志向我讲述了他们的峥嵘岁月——《接管

作者近影

沈澄梁和孩子们在一起

老干部爱学习

大上海》《见证海军组建》《马长久的“长久靠山”》《 地下党“接头”》等文章分别刊登在《人文梅陇》上。

《接管大上海》中的离休干部李明，1940 年 16 岁时在盐城参加新四军，她说她要看看自己的经历，在梅陇的杂志上刊登！可惜的是，口述后不久，她突发疾病去世，令人扼腕。那篇动人的、介绍她“接管大上海”经历的文章 2013 年 5 月刊登在《人文梅陇》上。

另一位离休干部马长久同志，2014 年 9 月 18 日因脑溢血不幸去世，而《马长久的“长久靠山”》一文于 2015 年 1 月刊登，我把几本杂志送到马老家里，他的老伴王阿姨激动得把杂志紧紧地贴在胸前，兴奋地说：“老马，小顾把你的故事写在梅陇杂志上了！”

让老干部聊过去，看现在，谈未来，虽然他们的谈话断断续续，但讲的故事都很感人。李峰作为新中国海军的首批老战士，见证了中国海军的组建。1949 年，他是华中海防纵队的一名排级干部。4 月 21 日渡江战役打响，4 月 28 日，他接到通知，到城里参加一个重要会议，会场设在原国民党军队江阴司令部。

那天，他绕过屏风，进入客厅——厅内空无一物，没有会议标语，没有主席台，连桌子凳子都没有，与会的 40 多人席地而坐。

会议宣布命令：任命华东军区副司令员张爱萍为新中国海军司令兼政委！

“陆军同志都是‘旱鸭子’，我们现在的任务是赶‘旱鸭子’下水！”新海军司令张爱萍的一句话逗乐了在场的人。

文章刊出后，李老要了好多本《人文梅陇》，他反复看这本杂志，还分给单位领导和老同事。我们探望他时，李老腰板一挺：“今天，我可以自豪地说，我是新中国第一批真正下过水的海军！”

还有一位传奇老人，那是 1949 年 2 月入党的老干部沈澄梁，当时他在比乐中学读初中。那时上海的学生运动风起云涌，同学中传阅着一份秘密出版的《学生报》，这是中共地下党领导的上海学联机关报，在白色恐怖十分严重的情况下，报道解放战争的消息，揭穿蒋介石的假和平、真内战，鼓舞同学们团结战斗，迎接解放。

青年干部听老干部李峰讲“人文梅陇”上的革命经历

报纸深得同学们的欢迎，但国民党恨之入骨，负责印刷和发行工作的共产党员严庚初，1948 年 10 月 26 日不幸被捕，上海解放前夕英勇牺牲。当时地下党支部决定由沈老担任学校的发行员，他知道这是一项十分危险的工作，但还是毫不犹豫地接受了任务。

第一次与送报人在复兴公园碰头，当时沈澄梁的心情很紧张，按约定他拿着一本书，不久就看到远处走来一位拎着女式布书包的女学生，他估计是他等的同志来了，顿时，心跳得十分厉害！女学生十分镇静地和沈老对上暗号，沈老记得她说：解放军即将渡江，国民党会更加疯狂，我们传递报纸不能出事，现在已有同志被捕，以后我们如遇到特务，报纸在谁手里就由谁承担责任，决不牵连他人！

说着，女学生迅速地从布书包中拿出一叠《学生报》。沈老接到手里，飞快地拉开短上衣，往胸前一塞。他们约好了下次碰面的时间地点，沈老赶紧回到学校分发报纸，就这样一直坚持到上海解放。

沈老的回忆在《人文梅陇》上刊登后，他成了杂志的“粉丝”，几年来一直用心阅读《人文梅陇》。他说：《人文梅陇》是一本雅俗共赏、老少咸宜的好书，是一本润物细无声地传播正能量的好书！

人世间，最隽永的感情，就是互相的陪伴。五年来，老同志们由不熟悉《人文梅陇》，到纷纷成了杂志的朋友——他们认真仔细、一页一页地阅读《人文梅陇》，这本杂志陪伴着他们幸福的晚年。